VARILLASIANA

OU

CE QUE L'ON A ENTENDU DIRE

A M. VARILLAS

HISTORIOGRAPHE

DE FRANCE,

MIS AU JOUR PAR M. BOSCHERON.

A AMSTERDAM,

Chez Zacharie Chastelain,
Libraire, sur la Place de Dam,
proche la Maison de Ville.

MDCCXXXIV.

PRÉFACE.

CE n'est pas la petite quantité de Livres sur une matiere, qui décide toujours de son imperfection, & l'on sçait les sujets les plus sublimes n'avoir été traités qu'une fois. Qu'on ne soit donc pas surpris si l'on n'a guéres qu'une douzaine d'iana ou d'ana François; car le nombre se pourroit pousser jusqu'à celui des gens cé-

A   *lebres*

lebres que l'on a vûs en France. Les sentimens ont été fort partagés sur les ana. Les uns les ont considerés comme des ramas de particularités plus inutiles que nécessaires. Les autres les ont regardés comme des amusemens très-propres à satisfaire l'esprit, & à le contenter même plus que des Livres dont les matieres sont traitées plus à fonds. Laissons parler la critique. Elle n'a pu, malgré le venin qu'elle porte, ne pas aplaudir à la lecture du Menagiana, parce que celle du Scaligerana & du Perroniana ne lui ont pas tant plû. Les Sçavans ont

battu

battu des mains aux Mêlan-
ges d'Hiſtoire *et*) de Littera-
ture de Vigneul Marville,
& tous les Livres de ce genre ſont généralement recher-
chés des Gens de lettres,
& ne ſortent preſque pas de
leurs mains ni de leurs Bi-
bliothéques. Voilà une autorité, je penſe aſſez conſidérable pour croire que ce ſont
les Doctes qui décident ſur
la ſcience. Car le beau ſexe
ne s'imagine guéres comment
des gens renfermés dans un
cabinet ſe rempliſſent, avec
tant d'avidité, l'eſprit d'anecdotes qui ne repreſentent que
des Gens de lettres, & les
Dames trouvent ce goût fort

A 2   ſec,

sec, aussi n'est-il pas produit pour leur usage ; et) si je n'exceptois l'Arlequiniana qui peut-être a été mis au jour pour elles, le reste des iana n'est assurément pas de leur ressort, malgré la prévention où je suis qu'il n'y a aucuns Livres dont des femmes d'esprit ne sachent juger comme les gens d'étude les plus profonds. Quoiqu'il en soit, le Varillasiana n'a pas été projetté pour remporter le prix sur les jugemens des deux sexes ; il a été produit pour la satisfaction de celui qui le lira & qui y connoîtra du goût ; car ce n'est que le bon goût qui

triom-

triomphe par tout. Le Lecteur est donc averti qu'il en
trouveroit davantage dans
ce Livre, si M. Varillas
avoit lui-même dicté ou écrit
ce que l'on met sous son nom.
Mais s'il n'a fait ni l'un ni
l'autre, il est très-véritable
qu'un de ses amis a pris soin
de mettre sur le papier ce
qu'il disoit dans de certaines conversations qui se tenoient avec les plus beaux
esprits de son tems chez D.
Boisard, sur des matieres historiques; car les autres remarques sont de l'Editeur,
exceptez-en l'article qui parle du different de M. le Président Rose de l'Academie

A 3

Fran-

Françoise qui est écrit par
lui-même, ainsi que l'abre-
gé historique des troubles de
Naples, part de la plume de
M. Charpentier mort Doyen
de l'Académie Françoise :
Les Vers de M. de Bense-
rade ont été copiés sur son
écriture même, & l'on en a
encore usé ainsi pour trois
ou quatre autres remarques.
qui sont de M. de la Mon-
noye Auteur du dernier Mé-
nagiana, afin de rendre à
chacun ce qui lui est dû. Voilà tout ce que je sçai des
particularités qui composent
le Varillasiana. Des Lec-
teurs critiques jaseront peut-
être sur l'origine que je donne

ne à une partie de mon Livre ,
en la faisant sortir de la
cellule de D. Boisard ; mais
il est facile de parer à l'ironie : car il est très-vrai que
D. Boisard avoit de gran-
des relations & de fréquentes
visites des gens les plus céle-
bres par les honneurs & l'esprit. Aussi n'ignore-t-on pas
qu'il a eu la vanité de dire
dans le monde qu'il s'est vû
chez lui étant Chartreux ,
jusqu'à quatre Cardinaux à
la fois dans sa cellule , &
qu'une autre fois de cinq ou
six personnes qu'il avoit en
même tems , la moins quali-
fiée étoit Monsieur le Lieutenant Civil. Enfin je ne

sçaurois écrire rien de plus favorable pour donner une autorité de conséquence à mon Recueil, sinon qu'il ne s'est pu debiter que de bonnes choses dans ces assemblées où il est très-certain que se sont trouvés M. le Président Bignon, M. Charpentier, M. le Président Cousin, D. Bonaventure Dargonne, & M. Varillas avec d'autres que je ne nomme pas. Du reste que le Lecteur ne s'imagine pas que ce Livre est trop plein de louanges ou de médisances, on a évité de tomber dans l'une & l'autre oposition. Un peu d'éloge bien touché n'est pas mal reçu, quelques traits

d'i-

d'ironïe lâchés à propos font
encore lûs davantage. Mais
encore un coup on a fui avec
autant de foin de fe rendre
méprifable par la Satire,
qu'à charge par les Panegy-
riques.

Fuyez Auteurs avec adreffe
De vous montrer adulateurs,
La verité feule intéreffe
Et fait haïr tous les flateurs.

A 5   ELOGE

ELOGE

DE M. VARILLAS.

ANTOINE Varillas Interpréte des langues, couché sur l'Etat du Roi à cinq cent livres de pension, eut enſuite la qualité d'Hiſtoriographe du Roi ; & depuis Sa Majeſté ayant laiſſé à M. Colbert le ſoin de diſpenſer ſes graces aux Gens de lettres, ſur le projet qu'en

avoit formé le Cardinal
Mazarin, M. Varillas se res-
sentit des liberalités roïa-
les jusqu'au tems qu'il fut
privé de sa pension, dont
il n'a guéres joui que cinq
ou six ans de suite : il s'en
explique au Roi même en
lui dédiant en 1694. son
Histoire de Henry III. où
il écrit dans l'Epitre dédi-
catoire, en se plaignant de
l'adversité ordinaire aux
Gens de lettres, que la récompense qui lui avoit été
donnée, lui a été retran-
chée depuis vingt-deux ans,
malgré le prodigieux nom-
bre de Livres qu'il a com-
posés, " & quarante-cinq ou
cin-

» cinquante autres qui font
» tous prêts, & qui courent
» rifque de périr dans la
» pouffiere, fi on l'aban-
» donne dans fa vieilleffe
» & dans le trifte état où
» l'a réduit la perte de fes
» yeux. „ Le Roi eut at-
tention aux plaintes de M.
Varillas, lui fit rétablir fa
penfion ; mais il n'en jouit
guéres qu'une année, car
elle lui fut encore ôtée.

M. Varillas nâquit en
1624. à Gueret capitale de
la Haute-Marche, d'un Procureur au Préfidial de cette Ville, & de Françoife
Couturier. Enfuite du cours
de fes études, il eut foin de

cel-

celles des fils de Monsieur
de Seve, Lieutenant Géné-
ral de Lyon, & depuis de
celles du Marquis de Car-
man. Il fut introduit à la
Bibliothéque du Roi par
Messieurs Dupuy, qui lui
donnérent rang aux assem-
blées des Sçavans. Dès son
arrivée à Paris il avoit eu
entrée chez M. Amelot de
Biseuil comme homme de
Lettres. Monsieur l'Abbé
Colbert le choisit quelque
tems après pour revoir les
Manuscrits de M. de Brienne ; il eut pour cet emploi
douze cent livres de pen-
sion, & M. l'Abbé de S.
Real pour second dans le
mê-

même travail. En 1662.
étant remercié il fe retira
dans la Communauté de S.
Cofme où il a paffé le refte
de fes jours, & où il eft
mort le 9. Juin 1696. âgé
de 72. ans. Il fut inhumé
dans l'Eglife des Carmelites du Fauxbourg faint Jacques avec une Epitaphe la-
tine fur fa tombe. Entr'autres legs pieux de fon Tef-
tament, il y en a un qui a
fervi en partie à fonder le
Collége que les Barnabites
ont à Gueret.

La politique qui régne
dans tous fes ouvrages, felon le Pere le Long, eft ou-
trée. Il tourne tout, dit-il,

à

à fa maniere, en y ajoutant
des rafinemens de politi-
que, quantité d'expreſſions
exagerées, & des parti-
cularités fort incertaines.
Auſſi eſt-il regardé comme
un Auteur d'Hiſtoires Ro-
maneſques.

Ce Jugement n'a pas em-
pêché le Pere le Long d'a-
vouer avec la même ſince-
rité, que ſi les Manuſcrits
qui reſtent de M. Varillas
ſont auſſi ſolides & auſſi a-
gréables qu'on l'a debité,
c'eſt une perte de ce que
pas un n'a vû le jour dépuis
l'impreſſion de ſon dernier
Ouvrage.

La critique qui noirci-
roit

roit ce qu'il y a de plus achevé, a auſſi beaucoup contri-
bué, ſi l'on s'en raporte à
l'Auteur de la Bibliothéque
des Hiſtoriens de France,
à décrediter les Hiſtoires
de M. Varillas, & ſur tout
ſes differens avec le Docteur Burnet. Voïez l'Elo-
ge de ce dernier au ſujet
de ſes querelles avec M.
Varillas dans les Mémoires
pour ſervir à la vie des hommes illuſtres.

Il ne donnoit aucuns de
ſes volumes au Public qu'il
ne conſulta les eſprits les
plus expérimentés, il mit
ſon Hiſtoire de S. Louis
entre les mains de M. l'Ar-
chevê-

chevêque de Paris pour l'é-
xaminer.

Il traita de son Privilége
de l'Hérésie, sous le titre
d'Histoire des Révolutions
arrivées dans l'Europe en
matiere de Religion, avec
Barbin, moïennant dix mille
écus, sçavoir quinze cens
livres pour chaque Tome
lorsqu'il en commenceroit
l'impression. Il avoit déja
eu douze mille livres des
autres ouvrages qu'il avoit
mis au jour, dont est l'Histoire de Charles IX.

Il se plaignoit de la difficulté qu'il y avoit d'avoir
des Aprobations, parce que,
disoit-il, on lui donnoit des
Exa-

Examinateurs qui n'y entendoient rien.

M. le Prince de Condé lui avoit fait témoigner qu'il ne se feroit point de péine, mais un plaisir de lire son Histoire de l'Hérésie, & de lui en dire son sentiment pour l'Aprobation. M. Varillas le demanda à Monsieur le Chancellier le Tellier qui le refusa.

M. Courtin qui étoit l'homme de Paris le plus entendu en Négociations, qui est la partie la plus curieuse des Livres de notre Historien, fut aussi refusé de M. le Tellier, malgré

les

les inſtances réirérées de
M. Varillas, & c'eſt à cette occaſion qu'il ne ſe laſ-
ſoit pas de répeter que dans
les. Etats Monarchiques
tout ſe fait par compere &
par commere, & que rien
ne ſe donne au mérite.

Il a avoué à quelques
perſonnes qu'on lui ſupri-
moit à l'éxamen beaucoup
de vérités un peu fortes
qu'on ne vouloit pas per-
mettre d'imprimer, ce qui
l'obligeoit pour remplir
ces vuides, d'y ſubſtituer
d'autres choſes moins cu-
rieuſes & moins néceſſai-
res ; mais que pour remé-
dier à ces inconvéniens, il
avoit

avoit grand foin de donner
fes originaux, à un de fes
fidéles amis pour les faire
paroître en leur entier dans
des conjonctures plus favorables, avec toutes les vérités qu'on le forçoit de fu-
primer.

M. le Camus qui étoit
retiré aux Carmelites, eft
celui qui l'a engagé d'écrire fon Hiftoire de l'Héréfie ; il étoit oncle paternel
de M. le Lieutenant Civil.
M. Varillas eut de lui pour
écrire cette Hiftoire cinq
cent livres de rente viagere
fur l'Hôtel-Dieu en 1671. il
avoit promis de lui en donner encore autant quand il

auroit

pédanterie qu'on y prend, auſſi Monſieur le Prince li-ſant quelques ouvrages de M. Varillas, s'étonna-t-il pluſieurs fois comment il avoit pu ſe défaire ſi avan-tageuſement des ſophiſti-queries du Collége.

On lui a ſouvent enten-du dire ſur l'habitude du travail, qu'il compoſoit re-glément tous les jours, & que s'il eût ceſſé un ſeul, il n'en eût pas fait la moitié tant que le jour précédent, & qu'en diſcontinuant un mois, il auroit été novice, cela s'entend du ſtile ; car quant aux faits & aux ma-tieres de ſciences, on ne

les

les perd pas ſi aiſément.

M. Varillas ne pouvoit s'occuper plus de deux heures de ſuite à ſes travaux hiſtoriques ; mais il le faiſoit avec une extrême aplication & une extrême juſteſſe, ce qui l'épuiſoit beaucoup, n'en pouvant plus ; il étoit forcé de quitter & de ſe repoſer deux autres heures, puis reprenoit la plume pour pareil tems, c'étoit-là ſa traite ſérieuſe du jour, depuis cinq heures du matin juſqu'à ſept, & depuis neuf juſqu'à onze. L'après midi il ſe promenoit juſqu'à cinq heures, & ne faiſoit guéres d'ouvra-

ges

ges férieux aux autres heures du jour. Monfieur Ar-
nauld qu'il difoit être *fon
parfait ami, le plus fincére
& le plus fini qu'il ait jamais eu*, en ufoit de mê-
me que M. Varillas ; il
ne tenoit jamais la plume
plus de quatre heures par
jour.

Dès l'âge de deux ans &
demi, il fut attaqué d'une
rougeur d'yeux par une petite vérole ; & dans un âge
raifonnable, ne fe voïant de
goût que pour l'étude, il
s'y abandonna d'autant plus
volontiers, que fon incom-
modité de la vûe fembloit
ne lui pouvoir faire efpé-

rer

rer d'autre parti ; réſolution
qui me paroît tout à fait
contraire à tous les hommes
attaqués comme lui d'une
foibleſſe d'yeux.

Agé de 67. ans , il n'avoit
pas encore eu d'intrigues
avec les femmes , n'avoit
joui d'aucunes , & juroit
qu'à cet âge il étoit tel qu'il
étoit ſorti du ventre de ſa
mere pour la pureté.

Il avoit beaucoup de pei-
ne à gouverner ſon tempé-
rament, & ne devoit point
compter ſur ſa ſanté , lorſqu'il n'y aportoit pas ſon
attention. Il étoit obli-
gé d'attendre quatre heu-
res après ſon ſouper à ſe

 cou-

coucher , faute dequoi il ne digeroit pas , & le lendemain avoit immanquablement le dévoiement.

Le froid le faisissoit d'une telle force en hyver , que pour se précautionner contre ses rigueurs, on l'a vû se servir de huit couvertures. M. Ménager en avoit aussi huit, non-seulement de chaudes , mais de pesantes aussi.

Il fréquentoit souvent M. de la Feuillade , M. de Noailles , & M. de Bois-Franc, Intendant de Monsieur le Duc d'Orléans,trois de ses compatriotes du Païs de la Marche en Limoges ; mais

, mais tous trois de differentes humeurs ainſi que M.
Varillas, & des ſortes de
génies opoſés les uns aux
autres.

Un jour s'étant entrete-
nu avec le Miniſtre Clau-
de ſans le connoître, dans le
Jardin du Luxembourg, il
parut à ce Miniſtre ſage,
ſçavant & ſincére, avouant
bonnement les endroits foibles de chacune des Reli-
gions, la Catholique & la
Calviniſte, & Claude le
trouva de ſi bonne foi ſur
tous les points qu'ils agité-
rent, qu'il lui confeſſa ingénuement que la plus belle choſe qu'il eût jamais

B 3   lûe

lûe étoit le Canon de notre Meſſe.

M. Varillas diſoit que la raiſon pourquoi les femmes écrivent mieux que les hommes en françois, eſt qu'elles ne ſçavent qu'une langue ; au lieu que les Gens de lettres en ſçachant d'ordinaire pluſieurs, confondent les phraſes d'une langue avec celles d'une autre, & qu'ils n'écrivent preſque jamais purement qu'en une qui eſt celle où ils excellent. Qu'en effet il ne connoiſſoit perſonne qui écrivit bien & purement en pluſieurs langues, que lui-même corrigeoit tous les jours

jours des fautes de cette nature dans ſes ouvrages françois, où il emploïoit ſans s'en apercevoir des phraſes latines, c'eſt-à-dire des tours & des expreſſions propres à cette langue, & qu'il eût voulu pour cela écrire tout en françois comme il faiſoit, & ne ſçavoir ni Latin, ni Grec, ni Italien, ni Eſpagnol, ni Allemant, &c.

Il n'avoit connoiſſance que d'un ſeul homme qu'il nommoit M. Baudin Docteur en Droit qui écrivît également bien en Proſe & en Vers latins, & en Proſe & en Vers françois ; il ci-

B 4   toit

toit pour exemple de per-
fection à écrire la Langue
françoise, Madame la Ma-
réchale de Clerembault.

M. Chapelain dans son
Mémoire des Gens de let-
tres procuré au Public par
Monsieur Camusat *, avec
de curieux extraits des trois
Volumes in 4°. de Lettres
manuscrites de cet Acadé-
micien, ne parle pas désa-
vantageusement de M. Va-
rillas. „ Il est, dit-il, très-
» plein de connoissances sur
» tout historiques & théo-
» logiques, & on a vû de
» lui

* Mort l'an passé 1732. à Amsterdam,
& ci-devant Bibliotécaire de Monsieur
le Maréchal d'Estrées.

» lui un commencement de
» la Politique de la Maison
» d'Autriche fort curieux
» & fort aprouvé ; son stile
» n'est ni poli ni orné, mais
» il est sain. ,, Je m'en tiens
à ce sentiment d'un hom-
me généralement reconnu
pour excellent juge dans
ces sortes de matiéres , aussi
bien qu'à celui de Monsieur
de Launoy ami de M. Va-
rillas , qui lui a adressé une
Lettre fort longue qu'on
trouve dans la cinquiéme
partie de son Recueil. M.
de Launoy y dit que notre
Historien a le jugement ferme & l'esprit rempli de la
connoissance des intérêts

& des droits des différentes Nations ; il avoit encore
ce mérite particulier, selon
le même, c'est que sa mé-
moire étoit heureuse à débiter les choses qu'il avoit
lûes ou écrites.

Il a passé sa vie en Phi-
losophe, vivant & s'habil-
lant modestement, non pas
qu'il ne fut à son aise, ce
que j'ose dire, malgré le
mot de misére dont il se sert
en parlant au Roi dans son
Epitre de l'Histoire d'Henri
III. mais parce qu'il fréquentoit peu le monde,
dont on dit qu'il avoit peu
d'usage. Il aimoit beaucoup
à parler, & recherchoit à
ses

ſes heures de loiſir la converſation des Gens de lettres, où il prétendoit être
écouté, grand Nouvelliſte,
mais nouvelliſte du premier
rang, qui réflechiſſoit cu-
rieuſement, politiquement,
& avec érudition ſur les
moindres matieres que l’on
mettoit ſur le tapis, & c’eſt
à la paſſion qu’il avoit de
débiter ce qui ſe paſſoit de
nouveau, & à un autre qui
a eu celle de l’écrire, que
l’on doit en partie le *Varil-
laſiana.*

Il ſe déclaroit ouverte-
ment dans ſes entretiens,
& parloit avec une liberté
de véritable Républicain;

re-

reproches que l'on a aussi
faits à M. Mezeray, quoi-
que dans le fond l'un &
l'autre fussent de très-hon-
nêtes gens, & très-portés
pour l'honneur de leur Pa-
trie, & celui de leur Roi.
Monsieur Varillas a usé de
la même licence dans ses
Epitres dédicatoires, & sur
tout dans celle du Régne
de Louis XI. où ne celant
pas au Roi Louis XIV. les
défauts de son prédecesseur,
il lui avoue que *ses négligences noirciront éternellement sa mémoire.*

Peut-être est-ce dans la
vûe de s'écarter de cette liberté de M. Varillas, qu'on

a

a fuprimé la moitié du portrait de Louis XI. qui n'eſt
point dans l'Hiſtoire de ce
Prince, impreſſion de Paris,
ni même dans la réimpreſ-
ſion qu'en a fait Abraham
de Hondt à la Haye ; mais
elle eſt dans les deux impreſſions in douze d'Hol-
lande de 1685. & 1687. dans
l'édition de Paris au lieu de
ce retranchement, (par les
Cenſeurs ſans doute,) eſt
une autre moitié de por-
trait moins vif. Ces quatre
différentes éditions que j'ai
vûes, ne ſont pas ſembla-
bles ſur ce portrait de Louis
XI. celle de Paris eſt la ſeu-
le où il y ait qu'il ne fut *ni
bon frere,* &c.   *B* 7

Si la réputation de Monfieur Varillas s'eft affez bien foutenue de fon vivant, on ne fçauroit nier qu'elle n'ait à prefent beaucoup de gens qui lui font contraires. Il a été bien reçu jufqu'à ce qu'il s'eft mêlé de faire le Théologien & d'écrire contre les Proteftans. Son Livre des Héréfies & fon peu d'éxactitude leur a donné lieu à rechercher fes fautes & l'en convaincre.

Voïez ce que dit de lui Monfieur l'Abbé Lenglet dans fa méthode pour étudier l'Hiftoire, Monfieur le Clerc dans fa Bibliothéque choi-

choisie, M. Bayle dans son Dictionnaire & les Mémoires pour servir à l'Histoire des Hommes illustres dans la République des Lettres ; mais sans rechercher le fort ou le foible de la prévention, je me restrains dans les bornes d'un simple éloge, & je laisse à d'autres à éclaircir cette matiere. Ce que j'ai d'autorité incontestable pour soutenir l'honneur de M. Varillas, est la haute réputation où est parvenu un de ses éleves, dans la même carriere que l'un & l'autre ont couru, j'entends parler de Monsieur l'Abbé de S. Réal, venu

fort

fort jeune à Paris ; on le mit avec M. Varillas qui le rendit en peu de tems capable de se produire dans la République des Lettres, ainsi qu'il a fait ; ils ne se seroient peut-être séparés que par la mort de l'un ou de l'autre, si des Manuscrits qu'estimoit considérablement M. Varillas étant venus à se perdre M. de saint Real qui ne les avoit point enlevés, n'eût été obligé de se retirer, parce que Monsieur Varillas prétendoit qu'ils ne pouvoient avoir été détournés par d'autres que par lui.

Personne au monde, malgré

gré la foiblesse de ses yeux,
ne voïoit plus clair à déchi-
frer d'anciens Titres, des
Chartres, &c. & les plus
mauvaises écritures. Il aimoit la belle écriture ainsi
que M. Mézeray, quoique
le caractere de l'un & de
l'autre ne ressemblât qu'à
celui d'un Procureur. M.
Varillas (à propos d'écriture) prenoit soin d'un jeune
parent à qui ayant fait faire ses études, il donna un
maître pour former sa main
& lui aprendre l'ortogra-
phe, que malgré l'avanta-
ge du Latin, il n'avoit pû
parvenir de comprendre.
M. Varillas se confiant à
celui

celui qui l'inſtruiſoit, fut
très-longtems ſans recevoir
de nouvelles de ce jeune parent ; au bout de quelques
années il en eut pourtant
une Lettre qui ne le ſatisfit
ni par le caractere ni par la
diction ; mais il demeura
deſeſperé lorſqu'à la fin de
cette Lettre il lut le mot
d'obéiſſant écrit par une *h*,
cette ignorance le mit dans
une telle colere, que je me
ſuis laiſſé dire qu'il raya de
ſon Teſtament un legs qu'il
faiſoit à ce parent, pour l'aider à ſe perfectionner dans
l'Hiſtoire.

De tous les Hiſtoriens cé-
lebres , il n'avoit liaiſon
qu'a-

qu'avec M. Chantereau le Febvre , dont il estimoit fort l'érudition, & jusqu'à débiter même dans le monde & dans ses Livres, qu'il avoit apris de lui de vive voix des choses qu'il n'avoit jamais lû ailleurs.

L'amitié qu'il avoit pour M. Mézeray n'étoit pas solide , la concurrence où ils étoient, donne tout lieu de croire que les grands hommes sont générale-ment jaloux de la réputa-tion qu'ils se disputent sur le plus ou moins d'excel-lence de leurs travaux, quoi-que pourtant ils ne se soient jamais attaqués sur le papier

pier dans le public ; on
m'a raporté une sincerité
de M. Varillas qui mé-
rite ici sa place ; car les
plus petites particularités
des hommes célébres s'écrivent, & jusqu'aux bagatel-
les tout est bien reçu. M.
Mézeray parlant du stile de
M. Varillas, en vantoit la
politesse, la douceur, dans
la force & l'énergie de ses
expressions mâles ; M. Varillas en le remerciant de
son suffrage avec quelque
indifférence, le pria de
croire qu'à l'égard de la
force de l'expression, il n'y
avoit point de plume au-
dessus de celles de Mon-
sieur

fieur Mézeray, que fon ftile étoit plein de nerfs, qu'il avoit avec la derniere facilité l'art de varier fes mots dans les fignifications les plus fortes & les plus diverfifiées; que cependant il lui avouoit que dans une feule page de fon Hiftoire, il avoit été furpris d'y trouver le mot de *car* repeté jufqu'à neuf fois; cet aveu, entre quatre yeux, méritoit-il d'aporter du refroidiffement dans la focieté de deux amis; il en fut caufe néanmoins, puifque M. Varillas depuis ce jour n'a plus reconnu la même affabilité de Monfieur Mézeray

ray dans les endroits où ils se rencontroient, & sur tout à la Bibliothéque du Roi.

Je répéte encore que le peu d'usage que M. Varillas faisoit du grand monde, le bornoit à ses Livres, & à son Cabinet avec tant de précautions, que l'on lui a vu refuser de vivre plus commodément qu'il ne vivoit, afin de jouir plus tranquillement de sa liberté. Si nous en croïons M. Mézeray, Monsieur le Duc Daumont lui avoit offert dans son Hôtel un apartement avec sa table, & une pension de mille francs, dont

il

il le remercia. Après ces circonſtances aſſez ſuffiſantes pour informer le Public du caractere, des mœurs, & des écrits de Monſieur Varillas, ceux qui voudront aprofondir davantage ſur les Livres de cet Hiſtorien, peuvent conſulter Monſieur Bayle dans ſon Dictionnaire critique & ſes Républiques des Lettres, où l'on trouvera un examen des différens de M. Burnet avec M. Varillas au ſujet de l'Hiſtoire de Camden ; il eſt encore néceſſaire d'avoir recours à nos Journaux des Sçavans, où ſont d'excellens extraits des Livres de

Mon-

Monsieur Varillas : du reste quoique je donne ici un
Catalogue des différentes
Editions des œuvres de notre Auteur , je croi que les
Gens zélés pour sa mémoi-
re , doivent s'en tenir à celle de Claude Barbin de l'année 1691. & suivantes in 4°.
en 21. Volumes. A l'égard
des Manuscrits excepté le
dernier, le P. le Long dit les
avoir vûs en dépôt chez de
Gas de Cluseau Marchand
de Tapisseries dans la rue de
la Huchette , qui peuvent
avoir passé depuis à un des
Légataires de notre Auteur,
qui étoit alors Procureur du
Roy à Gueret.

LIVRES

LIVRES
IMPRIMÉS
ET MANUSCRITS
DE M. VARILLAS.
IMPRIMÉS.

*L*ES *Anecdotes de Florence, ou Histoire secrete de la Maison de Médicis, par le sieur Varillas. La Haye, Arn. Leers, in 8o. 1685.*

La Minorité de S. Louis, avec l'Histoire de Louis XI. & de Henri II. par le sieur Varillas. La Haye, Moetjens, 1685. & 1687. in 12. Abraham de Hondt, à la Haye, a aussi imprimé le méme Livre.

Histoire de Charles IX. Paris, Claude Barbin, 1683. & 1686. 2. Volumes in 4°. C

L   Livres imprimés

Histoire des Révolutions arrivées dans l'Europe en matiere de Religion, par M. Varillas. Paris, Barbin, 1686. 6. Volumes in 4°.

La Pratique de l'Education des Princes, ou la Vie de Guillaume de Croy, Seigneur de Chevrieres, Gouverneur de Charles V. par Varillas. Paris, Barbin, in 4°. Amsterdam, Desbordes, 1686. in 8°.

Réponse de M. Varillas à la Critique de M. Burnet, sur les deux premiers Tomes de l'Histoire des Révolutions arrivées dans l'Europe, en matiere de Religion. Paris, Barbin, 1687. in 8°.

La Politique de Ferdinand, Roi d'Espagne, par M. Varillas. Amsterdam, Pierre Brunel, 1688. in 12.

La Politique de la Maison d'Autriche, par M. Varillas. Paris, Barbin, 1688. in 12.

Histoi-

Hiſtoire de Louis XI. par M. Varillas. Paris, Claude Barbin, 1689. in 4o. 2. Volumes.

Hiſtoire de Henri II. Paris, Claude Barbin, 1696. in 4o. 2. Volumes.

Hiſtoire d'Henri III. Paris, Claude Barbin, 1694. in 4o. 3. Volumes.

Hiſtoire des Rois Louis XI. Charles VIII. Louis XII. François I. Henry II. Charles IX. & Henri III. par M. Varillas. Paris, Barbin, 1695. 1696. 18. Volumes in 4o.

L'Eſprit d'Yves de Chartres dans la conduite de ſon Diocèſe, & dans les Cours de France & de Rome, in 12. Paris, Aniſſon. Ce Livre a été extrait des Mémoires de M. Varillas.

MANUSCRITS.

Histoire du Régne de saint Louis. Elle étoit fort au gré de l'Auteur, écrit le P. le Long, qu'il avoit travaillée avec soin. Elle pouroit remplir 2. Volumes in 4°.

La suite de son Histoire des Hérésies depuis l'an 1596. jusqu'en 1650. qui composeroit deux fois autant de Volumes qu'il y en a d'imprimés. L'Histoire du Socinianisme est bien déduite dans le 45ᵉ. Livre.

La Politique d'Espagne dont la premiere & la seconde Partie contiennent le Régne de Charles-Quint, & les deux autres, ceux de Philippes II. & de Philippes III. avec le Cabinet de la Maison d'Autriche qui va jusqu'en 1630. Il y a de quoi faire trois Volumes in 4°.

Plu-

Plusieurs petits Ouvrages détachés sur divers Evénemens arrivés pendant les Régnes d'Henri IV. & de Louis XIII. dont on peut faire 3. Volumes in 12.

Remarques sur l'Histoire de François I. & sur celle d'Henri II. & de François II. écrites par M. Varillas, deux Volumes in 4°. Ces Remarques sont conservées dans la Bibliothéque de Monsieur le Comte de Pontchartrain.

Dès le tems que M. Clement s'étoit confié à notre Historien, pour l'arrangement & la révision de certains Manuscrits. de la Bibliothéque du Roi, ce dernier lui en vendit pour Sa Majesté, un assez bon nombre en toutes Langues, sur quelques-uns desquels il y a des Notes de M. Varillas. Si je ne me trompe on a observé pour lui l'ordre que l'on a gardé pour d'autres, qui

ont

ont auſſi fait pareille vente, en mettant le nom du Vendeur à côté du Livre, ſur le Catalo-gue général des Manuſcrits du Roi.

VARILLASIANA

OU

CE QUE L'ON A ENTENDU DIRE

A M. VARILLAS

HISTORIOGRAPHE

DE FRANCE,

MIS AU JOUR PAR M. BOSCHERON.

CICERON ne se mêlant plus des affaires de la République, César s'étant emparé de l'autorité souveraine, se donna tout entier aux belles Lettres, à la Philosophie, & à tenir des conférences Académiques, afin d'adoucir par un si agréable amu-

A

sement

sement les amertumes qu'il sen-
toit d'avoir perdu son autorité, ou pour me servir de sa
pensée, la souveraineté que son
éloquence lui avoit acquise sur
ses Citoïens. Il se compare plaisamment à Denis le Tyran, qui
aïant perdu la Couronne de
Siracuse, s'avisa de tenir école
à Corinthe & de régner dans
une Classe ; & il dit que de
même il avoit ouvert une espé-
ce d'école à Tusculanum, après
avoir perdu sa Classe du Bar-
reau, qu'il regardoit comme
son Roïaume, de la Tribune
aux Harangues, d'où comme
d'un Thrône il commandoit
à tout l'Empire. Cela fait voir
qu'il n'y a rien qui soit capable
d'adoucir les douleurs & les malheurs comme les Belles-let-
tres. Scaliger le pere disoit
qu'il ne s'échapoit aux douleurs de la goutte que lorsqu'il
avoit

avoit la converſation des Gens
ſçavans.

¶ Dom Boiſard eſt ſorti des
Chartreux par une diſpenſe par-
ticuliére du Pape, par laquelle
il a ſurmonté tous les obſtacles
& toutes les difficultés qu'on
lui a faites au raport de Dom
Juſte qui en étoit Procureur,
& cela par le crédit ſeul, comme on croit, du Pere de la
Chaiſe Confeſſeur du Roi, qui
a fait ſon affaire de celle de
Dom Boiſard, peut-être moins
pour l'obliger perſonnellement
que pour chagriner les Jéſuites
qui s'y opoſoient. Peut-être
auſſi ſous prétexte du Janſéniſ-
me, dont la réputation de la
Maiſon, à ce que l'on publie,
eſt un peu antichée. On a voulu
ſçavoir & découvrir des ſecrets
de la Maiſon par D. Boiſard &
M. l'Archevèque de Paris qui
s'entend parfaitement avec le

A 2   Pere

Pere de la Chaise, pour le se-
conder & agir selon ses inten-
tions, a commencé pour la premiere fois de leur envoïer un
Mandement pour les Prieres des
Quarante-Heures pour le Roi,
ce qui ne s'est jamais fait pour
quelque occasion que ç'eût été,
ayant été laissé à leur devoir de
s'en acquiter, *quod caret exem-*
plis inter exempla erit.

Les honnêtes Gens n'aprou-
vent pas la conduite de Dom
Boisard de sortir d'une Maison
aussi réglée & de rompre ses
Vœux après plus de 30. années
d'exercice. Il avoit de grandes
relations & de fréquentes visites, ce qui faisoit une grande
cohue chez lui, & une espece
de brelan continuel de sa Cellule au scandale de la Maison,
qui lui en faisoit de justes & rai-
sonnables remontrances, & ce
qu'ils ont trop long-tems toleré.

, Mon-

Monfieur le Comte de Brienne, ci-devant Secretaire d'Etat, fils & petit-fils de Secretaire d'Etat, à prefent libre à faint Lazare, ainfi que D. Boifard, étant affranchi de l'interdiction que fes parens avoient fait prononcer contre lui depuis près de vingt ans, & ce en vertu de la Sentence de Monfieur le Lieutenant Civil depuis fix mois, portant main-levée de cette interdiction & liberté à lui de gérer fes biens, enforte qu'il fortira quand il voudra de faint Lazare où il a été détenu comme interdit en qualité d'infenfé. C'eft de ce Monfieur de Brienne même à qui j'ai oui dire qu'il avoit entretenu D. Boifard depuis fa liberté, l'aïant été voir à faint Lazare, & qu'il avoit remarqué dans l'entretien que la tête lui tournoit, & qu'il ne raifonnoit pas

A 3 jufte.

jufte. Ils ont un proverbe parmi les Chartreux qu'ils répétent
ingénuement, c'eft de dire que
quand il n'y a que quatre ou
cinq de leur Ordre qui perdent.
l'efprit dans un an, l'année eft
bonne.

¶ Le Connétable Anne de
Montmorency, difgracié par
François Premier & relegué à
Chantilly fa maifon, fut rapellé par Henri II. fon fils auffi-
tôt après fon avénement à la
Couronne. Diane de Poitiers
la Maitreffe d'Henri II. connue
premiérement fous le titre de
la Sénéchale de Normandie,
puis fous celui de Ducheffe de
Valentinois, pour contrebalan-
cer le crédit du Connétable,
produifit à la Cour & infinua
dans les bonnes graces du Roi
les deux fils aînés du Duc de
Guife, qui étoient opofés au
Connétable par des raifons
pref-

preſſantes. Le premier de ces
Guiſes étoit apellé Prince de
Joinville, & le ſecond Charles
de Lorraine Cardinal de Gui-
ſe. C'étoit un homme rare &
univerſel en toutes les vertus
morales & politiques ; il étoit
même l'un des plus ſçavans de
ſon ſiécle, éloquent, plein d'eſprit, & des plus conſommés
dans les affaires d'Etat, auſſi
fut-il premier Miniſtre du Roi.
Ce Cardinal à ſon tour intro-
duiſit le Duc d'Aumale ſon frere
puîné à la Cour.

Le Connêtable dans la mê-
me vûe que la Sénéchale, in-
troduiſit de ſon côté à la Cour
ſes trois neveux de Coligny, de
la Maiſon de Chatillon. L'aîné s'apelloit Odet de Chatillon. Il fut depuis Cardinal,
Evêque de Beauvais & tout de
ſuite le plus riche Bénéficier
du Roïaume : le ſecond étoit

Gaspard de Coligny, Seigneur de Chatillon: le troisiéme François de Coligny, Seigneur d'Andelot, surnommé le Chevalier sans peur. Diane avoit voulu faire le Duc de Guise Connétable de France dans le tems de sa faveur, & lors de la disgrace du Connétable de Montmorency, à laquelle elle avoit eu part; mais le Duc de Guise par une générosité hors de saison, le refusa, en disant qu'il ne vouloit point avoir obligation de sa fortune à la Maitresse de son Roi.

¶ Catherine de Médicis étoit la plus belle Princesse qu'on eut vûe en France depuis Anne de Bretagne. Elle avoit de l'esprit infiniment, & non moins d'agrément. Elle avoit épousé le Roi étant Dauphin: Elle ne se mettoit en peine que de plaire à son mari, d'être Reine

com-

comme elle le fut & d'avoir des enfans en nombre, dont après Dieu elle eut l'obligation à Fernel premier Médecin de ce Régne. Au surplus, elle ne s'embarassoit pas des inclinations du Roi, & elle s'accommodoit avec la Sénéchale, (Diane de Poitiers,) comme elle avoit fait précédemment avec la Duchesse d'Estampes.

Les Dames alors (sous le Régne d'Henri II.) étoient maitresses du Gouvernement ; & la Sénéchale, qui étoit de la Maison de Poitiers, Maison autrefois. souveraine, n'avoit pas moins d'ambition que de fierté.

¶ Sur une question de la peuplade des Etats j'ai dit que la Religion Catholique que nous professons en France, est fort contraire à la multiplication des peuples à cause du grand nombre de personnes qui ne se marient pas, comme les Prêtres, les Moines & les Religieuses. D'où vient que dans le seul Electoral de Saxe en Allemagne, où l'on professe la Religion de Luther, dans laquelle tout le monde se marie, il se trouve plus de peuples que dans tous les Etats héréditaires de l'Empereur, quoique quinze fois plus grands en étendue de païs que la Saxe; sçavoir les dix Provinces qu'on apelle Héréditaires, comme l'Autriche qui est fort grande, le Tirol pareillement, la Silésie, compris aussi le Roïaume de Bohéme & ce qu'il a en Hongrie.

A propos de quoi j'ai oui dire à Monsieur Vossius d'Hollande, fameux voïageur, qu'il s'offroit de prouver d'une maniere convaincante qu'il y avoit moins de pleuples dans tout le
Roïau-

Roïaume d'Espagne , compris même le Portugal, où l'on professe la Religion Catholique , que dans la seule Province d'Hollande faisant partie des dix-sept Provinces Unies , où l'on professe la Religion de Calvin.

¶ Et pour preuve que le Roïaume d'Espagne étoit autrefois beaucoup plus peuplé avant que la Catholicité y fut établie, c'est qu'un Auteur ancien (je crois Suetone) raporte que du tems de Pompée , après y avoir pris sept mille Villes , les Romains en avoient encore beaucoup à conquerir.

De même autrefois nos anciens Gaulois étoient obligés d'envoïer de deux ans en deux ans des Colonies de dix , de quinze , de vingt mille hommes , pour se décharger des peuples dont ils regorgeoient.

 Feu

Feu Monſieur l'Abbé de S. Ambroiſe de Bourges, (Claude Maugis Aumônier du Roi & de la Reine Marie de Médicis, dont le portrait a été gravé par Lucas Voſtreman,) avoit recueilli parmi ſes eſtampes un Albert *Daſe*, dans lequel étoit le petit Crucifix gravé ſur le pommeau d'épée de Maximilien ; cet Abbé avoit emploïé 40. ans à rendre cet ouvrage dans ſa perfection. Keruel de Lorme, & depuis Monſieur de Villeloin, l'ont ſi conſidérablement augmenté, que le Recueil dont ce dernier a fait préſent au Roi, ſe monte à près de cent cinquante mille eſtampes, recueillies de plus de ſix mille Maîtres & contenues en quatre cent grands Volumes in folio, reliés en maroquin du Levant. Cet amas curieux & conſidérable eſt compoſé entr'autres morceaux

ceaux de plus de vingt mille portraits & deſſeins de la main même des plus grands Maîtres, d'un œuvre ſuivi de Calot compoſé de près de quinze cens eſtampes les plus recherchées, deſquelles ſont celles que l'on nomme les batailles de Médicis, les facéties ou choſes boufonnes & groteſques, & ſurtout la petite tentation de ſaint Antoine, tellement rare, que peut-être n'y en a-t-il pas une ſeconde eſtampe à Paris, n'y en aïant jamais eu plus de trois.

¶ J'ai inſeré un point ſingulier dans mon Hiſtoire de Charles IX. c'eſt un fait que je n'ai vû nulle part en aucun Auteur imprimé, & que je tiens néanmoins pour conſtant, en aïant vû un Mémoire de bonne main & non ſuſpect dans la Bibliothéque du Roy. Voici la teneur.

A 7

„Le

que non. Tellement qu'il les
fallut faire aboucher, & après
huit grandes vacations ou af-
semblées durant huit jours con-
sécutifs, où la matiére fut de-
battue amplement entre ces
deux grands hommes ; enfin
M. de Turenne se rendit aux
raisons plus fortes de Monsieur
le Prince, qui fit voir, que
quoique la chose fut à la verité
fort difficile, cependant elle
étoit possible par les considérations que Des Adrets étoit un
des plus grands Capitaines
qu'on ait eu, & qu'il avoit de
fort bons Soldats.

¶ M. de Brantome aïant la
goutte, un Médecin fut le trouver pour lui offrir le secret qu'il
avoit de la guérir. Arrivé chez
le malade, il demanda à lui parler, un Laquais alla avertir son
Maître qu'une personne qui gué-
rissoit de la goutte le demandoit ;

doit ; Monsieur de Brantome vient autant vîte qu'il lui est possible au-devant de cet homme, & dit à son Laquais en presence du Médecin : Faites entrer le carosse de Monsieur dans ma cour. Le Médecin dit qu'il n'en avoit point. Quoi, lui répliqua Mr de Brantome, vous guérissez de la goutte & vous n'avez point de carosse, je ne suis pas des vôtres ; & le quitta brusquement, comme voulant dire que son reméde n'étoit donc pas bien merveilleux, puisque la goutte étant un mal si fort en régne, il n'avoit pas encore eu l'esprit de gagner de quoi se faire voiturer.

¶ C'étoit l'opinion de Térence Varron, que dans un festin il ne devoit pas y avoir moins de trois, qui est le nombre des Graces, ni plus de neuf, qui est celui des Muses.

L'hom-

L'homme grave ne devroit
pas être admis à ces assemblées,

Dans un festin rempli d'apas,

Jamais le Sage ne sçait plaire,

On n'y goûte bien le repas

Qu'avec la raillerie, & le Dieu de Cythère.

La confusion devroit être aussi bannie des repas. Un homme est réputé seul, lorsqu'il se
trouve avec des gens inconnus:
c'est la pensée de Martial.

¶ Rien de sûr chez les Auteurs qui ont le plus d'autorité.
Varron & Plutarque font dor-
mir Epiménide cinquante ans,
Pline & Diogéne Laerce cin-
quante-sept, Pausanias quarante, Aulugelle, si je ne me
trompe, que onze.

¶ De la Frenaye Vauquelin
(*œuvres poëtiques*) au lieu du
mot de chanson, se sert de celui de *Vaudevire.*

Je

Je ne puis sans horreur ouir qu'au *Vau-de-*
  vire,
Où jadis on souloit les belles chansons dire
D'Olivier Basselin , &c.
  Art poetique du même
Vau-de-vire plaisant je te tiens bienheureux
D'avoir pour Gouverneur Bordeaux le géné-
  reux.

Le Poëte entend par ces deux
Vers dont le sens n'est pas fort
clair , qu'il envie à Bordeaux
la gloire d'avoir produit le Vaudevire. Le nommé Olivier Basselin est le premier qui a aquis
quelque nom , & sa réputation
parvint même jusqu'à un tel
point, que ne pouvant suffire
seul au débit de ses chansons ,
il leva une troupe de gens ausquels il a la bonté de donner le
nom de Chevaliers errans , pour
porter ses chansons & les faire
valoir dans les Provinces ; ce
qu'un Sonnet de Vauquelin
prouve encore.

Et

Et les *beaux Vau-de-vire* & mille chansons
    belles....
Mais les Guerriers hélas ! les ont mises à fin,
Si les bons Chevaliers d'Olivier Basselin,
N'en font à l'avenir ouir quelques nouvelles.

De ce mot *Vau-de-vire*, nous est resté celui de *Vaudeville*, que du Verdier dans sa Bibliothéque françoise nomme *Voix de Ville* ; je serois fort pour que l'on intitula ainsi nos chansons.

❡ L'Ecrivain Cassagne accuse S. Louis d'avoir cédé ses droits sur le Roïaume de Castille, ce qui est faux. Il n'en a pû céder, puisqu'il n'en a jamais eu. La Reine Blanche sa mere, fille d'Alphonse Roi de Castille, surnommé le Noble, par qui ils lui auroient pu venir, étoit la plus jeune des filles de ce Roi ; par conséquent la Couronne ne lui pouvoit apar-

apartenir. Voilà le sentiment d'un Auteur séditieux dans un de ses Livres contre la France. Blanche étoit fille ainée d'Alphonse Roi de Castille.

¶ Mon Histoire de S. Louis est entre les mains de Monsieur l'Archevêque de Paris pour l'éxaminer. J'ai bien manié dans ce volume le portrait & le caractere de la Reine Blanche Princesse, qui dans le siécle grossier où elle eut le malheur de naître, possédoit toutes les graces qu'on admire dans les Dames les plus accomplies de celui-ci. Elle surpassoit sans contestation toutes celles de son tems, en beauté & en bonne mine. Sa fierté lui étoit si naturelle, qu'elle ne la pouvoit quitter, lors même qu'elle affectoit de se familiariser davantage. Son air pour être toujours majestueux, n'avoit pourtant

rien

rien d'incommode, parce qu'il étoit tempéré par un grand nombre de paroles & d'actions enjoüées, & par une gaieté d'humeur qui n'étoit pas moins constante. Elle joüissoit d'une santé si vigoureuse, que jusqu'à la maladie dont elle mourut, elle n'avoit eu que des fiévres journalieres, qui faisoient mieux paroître la force de sa constitution que le dérégle-ment de ses humeurs. Sa beauté n'étoit alterée ni par les saisons ni par les années, & les dix enfans qu'elle mit au monde, n'en diminuérent ni la fraî-cheur ni la délicatesse ; mais ce qu'il y avoit de plus singulier en elle, étoit l'esprit qui ne cé-doit ni en subtilité ni en pré-voïance aux Ministres d'Espa-gne les plus rafinés, & qui néanmoins étoit exempt & de la lenteur & de l'irrésolution qu'on qu'on leur impute. Témoins les affaires qu'elle eut devant fa Régence, auffi difficiles à terminer qu'il y en eût jamais, & dont elle fe démêla pourtant avec tant de facilité, que l'on ne s'apercevoit pas qu'elle en fut embaraffée. Sa pieté n'étoit ni fuperftitieufe ni interreffée, & c'étoit tout de bon qu'elle difoit à fes enfans, en prenant le foin de leur éducation, qu'elle aimoit mieux les perdre, que de les voir privés de l'innocence de leur Baptême. Sa chafteté fut impénétrable, & c'étoit pourtant la vertu qui lui fut la plus conteftée durant fa vie, & après fa mort. On lit encore les fatyres qui l'attaquoient par un endroit fi délicat, & le pis fut qu'elle donna prétexte à la calomnie. Elle étoit perfuadée d'un des plus dangereux principes dont les Dames puif-

fent

sent être prévenues , sçavoir
qu'il y a des conjonctures rares
à la verité , mais pourtant pos-
sibles , qui leur permettent de
négliger les dehors de l'honneur , pourvû qu'elle en conser-
vent inviolablement le solide ;
c'est-à-dire , que la Reine Blanche posoit pour fondement de
sa politique , qu'elle pouvoit en
conscience tâcher de donner de
l'amour aux Grands , qu'elle dé-
sespéroit de pouvoir engager
par une autre voie dans ses intérêts , lorsqu'il s'agissoit d'éviter ou de terminer un Guerre
civille : on ne voit que trop de
preuves de ce que je dis dans la
suite de mon Histoire.

¶ Voici un exemple qui fait
voir le malheur des habiles
gens , lorsqu'ils ont affaire à
des juges ignorans , & que souvent le faux mérite l'emporte
par un éclat trompeur sur le
véri-

véritable. Cosme Rosselli Florentin, Peintre très-médiocre, s'étant engagé à travailler en concurrence avec la Ghirlandaie, (Pietro Perugin,) Luc de Crotone & quelques autres des plus habiles Peintres de son tems, dans la Chapelle du Palais du Pape Sixte IV. qui avoit proposé un prix à celui qui réussiroit le mieux à son gré ; Rosselli qui n'étoit pas si entêté de son mérite, qu'il ne sentit bien qu'il étoit infiniment inférieur à ceux-ci, tant du côté de l'invention du dessein que du bon goût des couleurs , s'avisa de surprendre les yeux du Pape, qui n'étoient pas des plus fins connoisseurs·, par la vivacité & l'éclat des couleurs : de sorte qu'il y emploïa non-seulement les plus vives & les plus fines qu'il put trouver, mais encore tout le brillant d'or & d'azur, jus-

 qu'à

qu'à la moindre feuille d'arbre,
jusqu'à la moindre nuée, jusqu'au moindre pli de draperie,
(dit le Vasari.) Ce stratagême
lui réussit, car les ouvrages aïant
été découverts, ce bon Pape
ne put tenir contre tant d'éclat,
& lui ajugea le prix au grand
étonnement de ses compétiteurs
qui se mocquérent fortement de
lui : lorsqu'ils eurent vû ce travail ridicule, le Saint Pere fit
bien pis, car il fut si charmé de
cette impertinente invention,
qu'il commanda aux autres de
barbouiller & gâter leurs Tableaux avec l'or & l'azur, ainsi
qu'avoit fait le Rosselli, & les
pensa faire désesperer, les con-
traignant de gâter tout ce qu'ils
avoient fait de bon.

¶ Je donne un peu dans la
lecture des Poëtes François ;
mais ce n'est seulement que pour
délasser mon esprit. Je cherche

autre

autre part le solide , & je me
fixe aux Historiens ; cependant
malgré cette préférence, comme l'imagination se doit égaïer
quelquefois , j'aime naturelle-
ment à connoître les Poëtes &
leurs Livres, quelques inutiles
qu'ils soient à mes entreprises.
C'est par là que j'ai été curieux
de sçavoir ce que c'étoit que
Monsieur de la Fontaine & sa
Muse. On me l'a dépeint comme un homme fort present dans
son Cabinet à tout ce qu'il pense ; mais fort absent dans le
monde à tout ce qu'il dit, né-
gligeant son avancement, dor-
mant beaucoup , ne travaillant
guéres , aimant sa femme de
loin , écrivant force plaisante-
ries sur le cocuage , & s'embar-
rassant fort peu d'être cocu ;
en effet se meublant l'esprit de
richesses originales , paroissant
fort pauvre dans la conversa-

 tion ,

tion, empruntant sans y son-
ger, n'aïant donné de ses jours
d'exemple de la moindre libé-
ralité, & aïant toujours persisté
jusqu'à la fin de ses jours à ne
rien laisser à personne : c'est le
sujet de l'Epitaphe qui lui a été
faite.

Jean dont repose ici le corps,
Amassa par l'esprit d'assez riches trésors,
Et plus qu'il n'attendoit de sa pauvre fortune.
Il prit de tous côtés, jamais ne rendit rien ;
Et n'étoit que sa femme étoit un peu com-
    mune,
Jamais qui que ce soit n'eût eu part à son
    bien.

Je devois voir son Opéra,
Pastorale de Daphné ; je ne sçai
qui m'a empêché de me trouver à la representation, ou plûtôt, je ne me souviens pas, si
j'y aurois eu place, ainsi qu'il
me l'offroit, & ignorant que
cette piece eût été mise au
Théa-

Théatre , tant je donne peu dans le fpectacle public, ne perdant tout au plus de tems que pour celui que me donne les yeux par la lecture. Croïez-vous bien que je n'ai encore vû jufqu'à prefent l'Opéra que deux fois , & que depuis Ifis où j'ai eu mon rang , tous lés autres me font inconnus au Théatre & fur le papier. C'eft pourtant quelque chofe de véritablement fuperbe que la vue de l'Opéra , & je ne fçai que ce fpectacle qui faffe quelque doute fur le plaifir des yeux & de l'efprit. Je laiffe là les charges que l'on a faites fur les paffions chan-tées , la Mufique a des modes propres à rendre tout vraifem-blable , & la voix chantante , par le fecours de l'excellent Muficien , n'a rien de moins naturel que la bouche qui dé-clame les Vers d'un génie peu

 ordi-

ordinaire. Il est vrai que quelque promptitude qu'il y ait pour l'éxécution & le jeu des machines, lorsqu'il se rencontre quelque retardement, le spectateur, je ne sçais pourquoi, ne peut s'empecher de sourire ; & c'est là-dessus que Monsieur de la Fontaine dans une Epitre à Monsieur de Nyelle, a critiqué lui-même l'Opéra.

Quand j'entends le sifflet je ne trouve jamais
Le changement si prompt que je me le promets ;
Souvent au plus beau char le contrepoids résiste :
Un Dieu pend à la corde & crie au Machiniste,
Un reste de forest demeure dans la mer,
Ou la moitié du ciel au milieu de l'enfer.

Beaucoup d'esprits n'ont pas respecté ce merveilleux dont est composé l'Opéra, & n'en ont parlé

parlé que comme d'un fpectacle ridicule , & dont toutes les
parties font opofées au bon
fens. Avoüons néanmoins que
le tout enfemble a dequoi contenter le goût de plufieurs perfonnes , & qu'il peut fatisfaire
l'homme le plus bizarre. Monfieur de la Bruyere fe dépeint
comme un Mifantrope , lorfque
parlant de l'Opéra , il dit par
mauvais entoufiafme „ je ne fçai
„ comment ce fpéctacle avec
„ une Mufique fi parfaite & une
„ dépenfe toute roïale , a pû
„ réuffir à m'ennuïer. Regar-
dez un peu , répond le Pere
Dargonne , mafqué fous le nom
de Vigneul Merville , combien
il faut faire de dépenfe & met-
„ tre de chofes en œuvre pour
„ avoir l'avantage , il ne dit
„ pas de divertir (car l'entre-
„ prife ne feroit pas humaine,)
„ mais d'ennuïer Monfieur de
B 4 „ la

,, la Bruyere. Ne feroit-ce pas
,, pour faire bâiller ce galant
,, homme, dit encore le même
,, Chartreux & l'endormir, que
,, le Roi auroit dépenfé des
,, millions à bâtir Verfâilles &
,, Marly. '' Quelle honte que
l'homme du monde fe voie plus
enfroqué que le Moine même.
C'eft pouffer la mifantropie trop
loin, & c'eft abufer trop fortement de la permiffion qu'il
y a d'être capricieux.

¶ L'Hiftoire de l'Héréfie que
j'ai mife au jour, confifte en
cent Livres diftribués en vingt
tomes in 4°. qui font cinq livres pour chaque tome. Il y en
a déja quelques volumes d'imprimés, & il y en a deux qui font
encore prêts à paroître.

J'ai traité de mon Privilége
pour les imprimer avec Barbin,
moïennant dix mille écus, païa-
bles à proportion qu'il aura ob-
tenu

tenu les Priviléges de les imprimer. C'eſt donc quinze cent
livres pour chaque volume.

J'ai déja eu douze mille livres des autres ouvrages que
j'ai mis ſous la preſſe , dont
fait partie l'Hiſtoire de Charles XI.

Je ne ſçaurois trop me plain-
dre de la difficulté , qu'il y a
d'avoir des Aprobations , parce que l'on me donne des Examinateurs qui n'y entendent
rien. Monſieur Charpentier tout
grand grec qu'il eſt, n'y eſt pas
plus expérimenté que d'autres.

J'ai pourtant conſtaté quelques objections qu'il m'a for-
mées ſur l'éxamen de mon Hiſtoire de Charles IX. & ſa vé-
hémence à ſoutenir ſes droits a
été cauſe que je me ſuis ſoumis
aux retranchemens conſidéra-
bles qu'il m'a preſcrits , c'eſt
un homme plus conſommé dans

B 5. les

les faits de la Philosophie &
de l'Histoire Gréque que dans
ce qui regarde l'Histoire de la
Nation Françoise. C'est ce que
j'ai voulu lui faire avoüer lors
même qu'il m'a annoncé une
Histoire universelle abregée de
toutes les Nations de l'Europe
depuis l'an 1200. jusques &
compris l'an 1500. son stile
est mâle & plein de nerfs, sa
phrase nombreuse, noblement
périodique, ses expressions fortes & choisies ; mais sa narras-
sion trop longue, quoique se-
mée de la plus belle érudition.
Telle est l'idée qui me reste de
son projet d'une Histoire des
troubles de Naples.

M. le Prince de Condé m'a-
voit fait témoigner qu'il ne se
feroit point de peine, mais un
plaisir de lire mon Histoire de
l'Hérésie, & d'en dire son sen-
timentpour l'aprobation. Il l'a-
voit

voit demandée à Monſieur le
Chancelier défunt le Tellier,
qui la lui a refuſée.

J'en avois auſſi prié Monſieur
Courtin qui eſt l'homme de
Paris le plus entendu en Négociations , M. le Tellier l'a
auſſi refuſé.

Et c'eſt à cette occaſion que
je me plains que dans les Etats
Monarchiques tout ſe fait par
compere & par commere &
que rien ne ſe donne au mérite.

J'avoüe avec honte que l'on
m'a ſuprimé dans l'éxamen
beaucoup de vérités un peu fortes ou extraordinaires , qu'on
ne veut pas permettre d'imprimer , ce qui m'oblige pour
remplir ces vuides d'y ſubſtituer
d'autres choſes moins curienſes
& moins néceſſaires.

Mais pour remédier à ces
inconvéniens , j'ai grand ſoin
de donner à un de mes fidéles

 amis,

amis, mes Originaux entiers, pour les conserver, afin qu'à l'avenir, & dans des conjonctures plus favorables, il puisse les faire réimprimer en leur entier, avec toutes les vérités qu'on me force de suprimer presentement.

C'a été défunt Monsieur le Camus qui étoit retiré aux Carmelites, & qui étoit l'oncle paternel de Monsieur le Lieutenant Civil d'aujourd'hui, qui m'a engagé d'écrire mon Histoire de l'Héréfie, pour laquelle il me donna cinq cent livres de rente viagére sur l'Hôtel-Dieu en 1771. il m'avoit promis de m'en donner encore autant lorsque j'aurois achevé; mais il mourut subitement en 1673. j'ai été dix ans à ce travail.

¶ Moro Duc de Milan aïant fait voir à certains Ambassadeurs

deurs Florentins ſa magnificen-
ce & ſes richeſſes, qui ſurpaſ-
ſoient celles de tous les autres
Princes de ſon tems, leur dit:
Eh bien Meſſieurs, croïez-vous
qu'un homme qui poſſede tant de
treſors, ait encore quelque choſe
à déſirer. Il ne doit ſouhaiter,
répondirent-ils ſagement, *qu'un*
clou pour fixer la roue de la for-
tune. Ovide a une pareille
penſée dans le Jugement de
Paris.

¶ Ne peut-on pas dire de
pluſieurs Gens de lettres, ce
que Scaliger diſoit de Cardan,
plus homine ſapere, minus pue-
ris intelligere, qu'ils en ſçavent
plus qu'un homme, & qu'ils ont
moins d'intelligence que des
enfans; cela ſe remarque principalement dans les affaires de
la vie: admirables dans leurs
ouvrages & très-mépriſables
dans leur conduite; il ſemble

 que

que le bon sens les abandonne
aussi-tôt qu'ils sortent de leur
Cabinet ; ils sçavent toutes les
coutumes des siécles les plus
reculés, Citoïens d'Athénes &
de Babilone, ils ignorent comme il faut vivre dans le nôtre,
& sont étrangers dans leur Pa-
trie ; ils connoissent jusqu'à la
moindre petite faute dans le
Gouvernement des plus grands
politiques, donnent des leçons
admirables à ceux qui gouver-
nent le monde ; mais ne sçavent
pas conduire la fortune d'un
homme privé, & sont souvent
la dupe d'un ignorant ; enfin
leurs actions sont justement le
contrepied de leurs écrits. Ils
n'ont que la théorie de la prudence ; ils ne sont que les dé-
positaires de la sagesse, & il
semble que l'étude ne leur laisse
pas le tems d'être sages ; ils
cherchent toujours ce qu'il faut
faire,

faire, & ne font jamais rien. C'eft un fanal qui éclaire les autres, & qui fe confomme inutilement pour eux-mêmes.

Les Athéniens voulant faire élever un bâtiment public, les Magiftrats choifirent deux Architectes qu'ils firent venir devant eux pour les entendre parler. L'un plus grand orateur qu'Architecte, fit un grand difcours où il n'oublia rien pour donner une grande idée du bâtiment qu'il prétendoit élever, & après avoir bien parlé, l'autre ne répondit que ces mots, *Meffieurs, je ferai tout ce que celui-ci vient de dire.* Voilà ce que font ordinairement les ignorans avec les fçavans, ils font tout ce que ceux-ci fçavent dire. Ce que j'avance ne doit pourtant s'entendre que de ces fçavans de mémoire & de ces beaux efprits d'imagination,

qui

qui négligent le raisonnement.

Un Roi des Egyptiens (Pſam-
méticus) aïant la curioſité d'é-
prouver quel étoit le langage
le plus ancien de l'Univers,
donna ordre que deux femmes
muettes élevaſſent deux enfans
dans un deſert où aucune voix
humaine ne ſe fit entendre:
Deux ans ſe paſſérent, au bout
deſquels on les preſenta au Roi:
On remarqua qu'ils bégaïoient
le mot Phrygien *Beg* qui veut
dire *du pain*, & c'eſt de là que
l'on a écrit que la langue Phry-
gienne étoit la premiere dont
l'homme avoit uſé. Néanmoins
à s'en raporter à ſaint Auguſ-
tin liv. 9. ſur la Genéſe, on
peut penſer que ces enfans aïant
été nourris avec des chévres,
tenoient peut-être ce mot d'elles. Il eſt donc à croire que ſi
ces enfans euſſent été ſourds,
ils

ils n'auroient jamais prononcé
une seule parole ; car il est im-
possible qu'un sourd de naissance , que l'on n'a pas instruit
dans une maniere de parler ,
par quelque artifice ou quelque
secret, parvienne, je ne dis pas
à se faire entendre , mais à comprendre ni même articuler le
moindre mot d'un langage connu : suivons donc la question.
Un enfant qui n'a point ce défaut de surdité , & ayant été
nourri par des gens qui n'ont
pas proferé une seule parole à
ses oreilles , sçauroit-il par la
suite de ses années , donner
quelque idée d'un langage qui
autorise ce que l'on écrit, que
chaque enfant , quelque part
qu'il se trouve , a pour parta-
ge le parler populaire ou ma-
ternel ; que ce soit Hébreu,
Grec, Latin, ou Baragouin,
une Langue ne lui est pas plus
diffi-

difficile que l'autre, dit-on. C'est
suivre ce que Platon avance a-
vec raison que l'ame n'ignore
de rien dès qu'elle habite le
corps ; que cependant y de-
meurant comme inondée dans
l'humidité, toutes les idées de
ses connoissances s'éfacent, &
qu'elle ne parvient petit à petit
à réminiscence, que lorsque cette humidité disparoit ; alors la
partie intellectuelle, l'ame, se
représente & se rapelle toutes
les choses du monde comme
des objets qui lui ont été fami-
liers, sans qu'il soit besoin de
rafraîchir les notions qu'elle en
a. Voilà quel est le sentiment
du Philosophe grec, qui est d'un
grand poids pour les Auteurs
qui ont été d'opinion, qu'il y
a parmi les hommes une Langue de l'âge d'Adam & d'Eve,
Langue dont nous nous servi-
rions, sans celles qui nous sont
apri-

aprises par ceux qui président
à notre naissance.

Aristote que l'on peut regarder comme le secretaire de la
Nature n'est pas entiérement
oposé au dire de Platon ; il penfe que l'ame , dès la naissance
du corps ne sçait rien ; il l'a
compare à une toille huilée ,
fur laquelle rien n'est encore
representé , mais prête à recevoir toutes les impressions que
l'on lui veut donner ; l'ame
pour sentir & agir n'a besoin
d'aucunes leçons ; mais il est
nécessaire de l'instruire dans
les Arts , dans les Sciences &
dans les Matiéres divines &
humaines , ausquels elle est toute préparée. L'ame n'a donc
aucune langue qui lui soit af-
fectée , un enfant par conséquent susceptible de parler celle qui lui est imprimée. Cet
enfant n'a d'abord que la voix
à sa

à sa naissance, peu à peu il la spiritualise de quelques bégaïe-mens, de mots, de sillabes qu'une suite de tems méne enfin à faire entendre, ni plus ni moins qu'un perroquet qui a prêté l'oreille à l'instruction. Mais comment, dira-t-on, un enfant éloigné de toute conversation, qui n'a jamais oüi parler, s'exprimeroit-il ? il ne peut avoir que la voix ; l'expression ainsi que celle-ci ne doit pas sa naissance à la nature. La parole ainsi que la Musique exigent des Maîtres ; il est bien vrai que les enfans avant qu'ils s'aident de la prononciation des lettres, ne laissent pas de demander leurs besoins, d'exposer leurs passions, & cela, par le seul secours de la voix, quoique sans aucuns documens. Les exemples d'enfans qui ont parlé dès qu'ils ont été

nés

nés font rares, & peu croïables.
Car l'intelligence non ouverte
ne répete point ce qu'elle n'entend pas. Il est sensible qu'un
perroquet d'un certain âge
concevra plus facilement qu'un
nouveau né, dont les facultés
de l'ame n'ont encore ni ouïe
ni entendement : ce qui a peut-
être fait dire à Aristote que
l'homme seul d'entre les ani-
maux est muet, jusqu'à un certain nombre d'années, & ce qui
doit faire conclure qu'un enfant qui n'a jamais écouté est
muet ; car de croire que fans
s'exprimer & parler il sçache
l'Hébreu, qui étoit la Langue
maternelle de tous les hommes
avant la construction de la Tour
de Babel ; c'est une décision
que je laisse à faint Augustin,
(liv. 16. ch. 11. de civit.) comme un jugement qui passe ma
portée.

¶ J'ai

§ J'ai oui dire au même lieu où nous nous entretenons à préfent, il y a plus de douze années, par un des premiers & des plus confidérables Officiers du Roi, que le Prince d'Orange, qui fait l'entretien univerfel du monde entier, par raport à l'Angleterre, eft un des plus redoutables ennemis qu'eût la Monarchie Françoife.

§ Ciceron dit (liv. 2. de orat.) qu'il y avoit plus de plaifir d'entendre le plus ignorant des Athéniens, que le plus fçavant des Afiatiques, à caufe des graces de la prononciation attique ; ce qui fait voir encore que la voix impofe beaucoup & que les Italiens ont bien raifon quand pour juger fainement d'une Comédie ou d'une Piece d'éloquence, ils difent, *date la mi ftampata.*

§ Le pauvre perfonnage que
Mon-

Monsieur de.... deux ou trois Auteurs Italiens font toute son occupation, & il les préfere aux études les plus solides. *Numquam vidi hominem beatum indecentius.* Je n'ai jamais vû un homme si sottement heureux.

Un aveugle de Marseille que l'on nomme François de Malaval, est Auteur du Livre qui a pour titre, *Pratique facile pour élever l'ame à la contemplation* ; il s'en est tiré deux éditions en fort peu de tems : le Livre est écrit avec une certaine vivacité d'esprit qui lui a fait faire une si grande fortune, que Monsieur le Cardinal d'Estrées le fit traduire en Italien, & le rendit public à Rome pendant que Molinos se rendoit célebre par sa Guide spirituelle, & qu'Innocent XI. l'avoit en vénération pour sa pieté.

On

¶ On dit pour nouvelles que l'on a fait la propòsition au Prince d'Orange, dans la conjonĉture presente, de déclarer sa femme Reine ; mais qu'il n'y avoit pas voulu entendre.

L'Irlande restant dans la fidélité pour le Roi d'Angletere évadé, je ne puis comprendre comment le Roi ne s'y est point retiré, étant certain qu'en fait de Roïaume, qui quitte la partie la perd pour l'ordinaire.

Les Irlandois Catholiques ne possedent aucuns biens en proprieté dans leur Païs, excepté deux ou trois Seigneurs, tous les biens en fonds y ont été donnés & ajugés du tems de Cromvel aux Protestans, lesquels pour cette raison y ont plus de puissance.

C'est dans ce sens, que le Comte de Tirconel Viceroy d'Irlande tenant ferme pour le

parti

parti du Roi a pris les chevaux des Proteſtans du païs pour monter ſa Cavalerie, après leur refus de les lui donner.

Monſieur le Maréchal de Schomberg qui eſt le bras droit & le Généraliſſime du Prince d'Orange en Angleterre, n'a pas trouvé à propos d'aller ſi-tôt en Irlande à la tête des Troupes que le Prince y doit envoïer, à cauſe qu'il reſtoit quelques Seigneurs dans le Nord d'Angleterre qui n'étoient pas encore ſoumis.

On penſe que le Prince d'Orange a engagé Monſieur de Schomberg dans ſes entrepriſes & dans ſes intérêts, quoiqu'âgé de ſoixante & dix-ſept ans, par l'eſpérance qu'il lui a donnée de faire ſon fils Généraliſſime de Hollande à ſa place.

La Guerre où les Hollandois ſont en diſpoſition de ſe trou-

 ver

ver avec la France , où dans toutes les aparences ils doivent échouer , eſt la premiere faute que je leur aie, vu faire depuis l'établiſſement de leur Républi-que , & n'étans que Marchands je juge que la guerre , & parti-culiérement une guerre de cet-te conſéquence , ne leur peut jamais convenir.

Après Monſieur le Prince défunt , je croi que le Roi n'au-ra jamais le reſte de la Flandre & de la Hollande que par le feu ou l'eau , c'eſt-à-dire qu'il ne doit pas s'attacher à pren-dre ce Païs pour le conſerver , mais pour le ruiner , de crain-te que ces Républicains ne ſe rétabliſſent.

¶ Tamerlan que j'eſtime être un des plus grands Conquérans du monde , aïant une Armée de huit cent mille hommes , & aprenant que Bajazet Empereur des

des Turcs venoit à lui pour s'opofer à fes conquêtes ; il demanda quelle étoit fon Armée, & ayant apris qu'elle n'étoit que de fix-vingt mille hommes, il dit : Il ofe venir avec cela : il commanda à fon Fils de fe mettre à la tête de l'aîle droite de fon Armée, de l'aller prendre prifonnier & de le lui amener, ce qu'il fit. Bajazet entre les mains & à la merci de Tamerlan, voïant que celui-ci fe mit à fourire en le regardant, il lui reprocha que ce devoit être affez pour lui de fe voir victorieux & de l'avoir entre fes mains, fans infulter encore à fon malheur. Tamerlan fit réponfe : mon ris n'eft point pour vous infulter, mais c'eft fur une penfée qui m'eft venue en vous voïant, qu'il faut que Dieu ne faffe guéres cas des Empires du monde, puifqu'il

en a donné les deux plus grands
& les deux plus floriſſans , l'un
à un miſérable borgne comme
vous , & l'autre à un malheureux boiteux comme moi. Je
tiens que c'eſt là un des meilleurs apophtèmes qui aient été
dit , & j'en conçois beaucoup
à l'avantage de Tamerlan qui
en eſt l'auteur.

Le Grand Mogol a autant de
païs préſentement que l'Empereur de la Chine.

La Chine eſt le païs le plus
beau, le meilleur, le plus floriſſant du monde : il n'y a pas un
pied de terre inutile, & l'on
y ſçait faire profit de bien des
choſes que nous laiſſons gâter
& corrompre. Il y a dans ce
païs plus de ſoixante & tant
de millions d'hommes capables
de porter les armes. Ils ne font
point de guerre étant contens
de la bonté de leur païs , & re-
gar-

gardans les Princes guerriers comme des monstres enfantés par la colére du Ciel. Ce qui contribue beaucoup à la grandeur des Chinois, est qu'ils ont un grand respect pour leurs peres & leurs parens, un grand desir de multiplier, beaucoup d'estime & de loüange pour ceux qui travaillent à cultiver la terre, & beaucoup de considération & d'honneur & de reconnoissance pour ceux qui rendent service à l'Etat.

¶ A propos des impôts de France, celui du Tabac produit présentement trois millions, au lieu des seize mille écus qu'on en donnoit en parti à Madame de Montespan, à qui le Roi en fit don dans le commencement. Monsieur Colbert fit entendre à Sa Majesté qu'il avoit plus donné qu'il ne pensoit, & lui fit conclure de faire plûtôt quarante mille écus de penſion à Madame de Monteſ-pan, au lieu des ſeize qu'on lui promettoit, & de retirer ſon don, ce qu'il fit.

Le parti des Lettres eſt de quatre millions pour le Roi tous les ans

Celui des Poſtes étrangéres dont Sa Majeſté fit un jour don en proprieté à M. de Louvois, lui vaut plus de cent mille écus par an.

Il n'y a qu'en France où les impôts une fois établis ſubſiſtent toujours ; partout ailleurs les Princes n'ont que leurs Domai-nes fixes, & quand, dans les occaſions de Guerre ou d'au-tres beſoins d'Etat, on leur donne des ſommes extraordi-naires, ce n'eſt que pour un tems, & les occaſions ceſſant, les impôts & les levées extraor-dinaires ceſſent pareillement.

¶ Feu

¶ Feu M. Hierôme Bignon aprofondissoit toute l'encyclopédie des sciences & des belles Lettres, & il a été si prodigieusement éclairé dans toutes les belles & les utiles connoissances, que peut-être n'a-t-il pas eu son second pour la pénétration d'esprit : il accorde libéralement sa protection à la personne des sçavans ainsi qu'à leurs écrits. Non content d'aider les doctes de secours généreux, il ne dédaignoit pas encore de leur prêter la main sur les fruits de leurs veilles. Témoin la fortune qu'il a fait faire à *la Navigation aux Indes Orientales* de François Pyzard de Laval Chirurgien : il eut la bonté d'orner ce Livre de matieres au-dessus de la portée d'esprit du Voïageur, & de le remettre en bon chemin dans les endroits où il s'égare. Les obser-

 vations

vations géographiques sont de M. Duval.

¶ Le Roi pendant sa maladie s'est fait lire par M. Racine la vie d'Alexandre, & la relation du Siége de Namur, Monsieur Racine qui étoit Trésorier de France à Moulins, avoit épousé Mademoiselle Romanet. Lorsque le Roi le mit du nombre de ses Gentilshommes on fit cet impromptu.

A la Cour on n'est pas surpris,
Racine, que le Roi t'ait fait son Gentilhom-
me,
On t'y regardoit comme un homme
Gentilhomme par ses Ecrits.

Il passe pour constant que la Lettre de Monsieur Arnauld à Monsieur Perrault, sur son différent avec Boisleau Despreaux, est un ouvrage suposé. Les mieux informés sur ces déguisemens littéraires, la donnent d'une d'une voix unanime à Monsieur Racine. En effet s'il n'est pas Auteur du corps de la Lettre, il y a grande aparence qu'il a fourni une bonne partie des remarques, où Monsieur Arnauld entre dans un détail qui ne semble pas fort avoir été de sa connoissance. Monsieur Racine Sécretaire du Roi, a fait l'éloge de son régne depuis 1672. jusqu'en 1675. j'ai vû ce précieux ouvrage dans la Bibliothéque de Monsieur de Fourcy. Si la voix publique s'est d'abord déclarée pour la Poësie mâle de Monsieur Corneille, elle s'est entiérement dévouée depuis à la pureté de M. Racine.

¶ Le Grammairien qui passe sa vie sans détourner ses yeux rouges & chassieux de dessus Donat, Quintilien, & Politien, qui met son esprit mille & mille fois à la torture pour

sçavoir comme il faut distinguer les huit parties d'orai-
son, à qui les sollecismes, les
barbarismes & les impropriétés,
c'est-à-dire, une sillabe plus ou
moins, donne plus de fraïeurs
& plus de sueurs froides que
n'en donnent les écueils aux
Nautonniers, & qui la plûpart
du tems, descend au tombeau,
la conscience non encore bien
nette sur le subjonctif & l'ad-
jectif, ni les genres & les ad-
verbes. Ce pauvre Grammairien
fait-il un bon usage de son esprit, & mérite-t-il d'être loué,
lorsqu'il passe tant de mauvais
momens, qu'il se prive de boire
& de manger, & que pour tant
de veilles & de sueurs, il n'es-
pére que la maigre récompense
d'entendre dire, un tel écrit
assez bien, ou de se voir cité ?
N'est-il pas un fou d'acheter si
peu de choses aux dépens de
sa

sa santé, de ses yeux, de ses rides & d'une mort précipitée. Je serois prolixe, si je voulois m'étendre sur les Astrologues qui mésurent les Astres, les Mathématiciens avec leurs Cercles, les Chimistes, les Peintres, qui bien souvent ne travaillent que pour un bruit de louange, & pour faire parler la postérité qu'ils n'auront pas le plaisir d'entendre. La gloire vient trop tard lorsqu'elle ne vient qu'après la mort, dit Martial, & c'est peu de chose que les lauriers lorsqu'ils ne servent qu'à couronner notre monument. J'envie la réputation de notre cher Monsieur de Mézeray : il jouit de ce que peu de personnes ne possedent qu'après leurs trépas ; c'est d'une réputation universelle que l'envie & la jalousie n'ont pu retarder. Il a l'avantage de voir ses ad-

 mira-

mïrateurs & d'entendre ſes éſo-
ges. Quel eſt l'homme de lettres mieux récompenſé par l'eſprit : j'aime véritablement ſa
candeur & ſon indifférence ſur
les honneurs, il n'eſt point de
ces préſomptueux qui ſemblent
douter s'ils doivent ouvrir ou
non à la Renommée qui attend
à leur porte. *Ante fores ſtan-
tem dubitas admittere famam.*

¶ Les Examinateurs ou les
Cenſeurs Roïaux ſont faics pour
me déſeſperer. Depuis plus de
ſix ſemaines je devrois avoir la
ſignature de Monſieur Charpentier pour mon Hiſtoire de Charles IX. & je ne penſe pas l'a-
voir qu'il n'ait retranché des
cahiers entiers de mon travail,
ce que je ſuis contraint de ſouffrir, de crainte de trouver un
Cenſeur encore plus capricieux,
rencontre qui m'a ſouvent fait
faire de mauvais ſang, & qui
m'au-

m’auroit mis même de mauvaise humeur hier chez Monsieur
Charpentier, si elle n’avoit été
calmée par la presence d’un
jeune homme le plus spirituel
pour son âge que j’aie encore
vû de mes jours. Il est neveu
de M. Charpentier & fils du
célebre Vatier, si connu par
ses traductions de Livres ara-
bes. Comme son oncle & moi
nous nous échauffions sur des
points d’Histoire qui regardent
mon manuscrit, il se leva de
dessus un pulpitre sur lequel
il écrivoit, prit connoissance
de notre dispute, & m’apaisa
par des circonstances si vraisemblables sur les faits que me
rejette Monsieur Charpentier,
que je n’ai peut-être pas encore
eu de surprise plus sçavante,
je dis seulement pour la facilité de donner un jour d’autorité à une cause; car à l’égard

 de

de ce qui concerne le fond de l'Hiſtoire, quoiqu'il ait prétendu m'embaraſſer par ſa facilité de parler, j'ai ſçu parer ſes belles paroles par des preuves inconteſtables. Mais j'avoüe encore une fois mon étonnement, ce jeune homme m'a impoſé par la fermeté & la force de ſes expreſſions : après qu'il nous eût quittés, Monſieur Charpentier augmenta davantage mon admiration, par ce qu'il m'en dit, & c'eſt beaucoup avancer que d'avoüer, qu'une jeune tête comme celle-là, étoit capable malgré ſa jeuneſſe d'écrire auſſi purement & auſſi gravement que lui en Proſe & en Vers. Il ne m'a pas caché que ce neveu a ſi bien attrapé ſa maniere d'écrire, que ſouvent il s'eſt diverti en mettant ſes fantaiſies ſous ſon nom, & en ſe les attribuant.

Voilà

Voilà une expérience pré-
maturée qui n'a guéres de pareil exemple. Monfieur Charpentier m'a encore fait confi-
dence que pour fe mettre en
train & pour préparer fon imagination, toutes les fois qu'il
veut continuer fa traduction des
Epigrammes de l'anthologie,
il fait monter fon neveu dans
fon caroffe, & qu'étans arrivés
au Cours, il lui met le livre à la
main pour entrer en lice avec
lui, & lui difputer de goût &
d'habileté à habiller ces Epigrammes à la Françoife. Il m'en
a raporté un exemple, felon lui,
fuffifant pour montrer que l'efprit qu'il me vante, eft fupé-
rieur par le tour qu'il donne au
fens des Poëtes : il confifte en
ces quatres Vers.

Une Couleuvre infortunée
Mordit un Capadocien,

La

La morſure ne lui fit rien;
La bête en fut empoiſonnée.

Quatre Vers qu'il m'a vantés
comme une production qu'il
voudroit avoir enfantée, parce
que, me dit-il, il a orné la penſée de l'Auteur, d'un ſens plus
fort qu'elle ne renferme. L'Epigramme eſt de Dedemodocus:
en voici l'eſprit. „ Un vipére
„ aïant mordu un Capadocien,
„ il périt dans le même mo-
„ ment; la bête fut de même
„ empoiſonnée par le ſang de
„ l'homme qu'elle avoit piqué.
Pour entendre cette Epigramme & le joli tour que l'on a donné aux quatre Vers; il ne faut
pas ignorer que les Capado-
ciens étoient extrêmement mé-
diſans, & que le poiſon d'un
ſang médiſant a plus de force
que le poiſon même. La beauté
de l'abillement n'eſt pas la mo-
rale,

rale, mais la finesse du Traducteur ou de l'Imitateur à avoir fait mourir la bête, du sang pestilentiel ou médisant du Capadocien.

¶ Qu'est-ce que l'amitié du cœur : un peu de chaleur mal réglée qui a commencé aujourd'hui & qui finira demain : qu'est-ce qu'un objet aimé du cœur, puisque Ciceron ne sçait pas ce qu'il aime, dans ceux à qui il se donne. Un composé de manieres quelquefois brusques & souvent ridicules, de certains traits dans le visage, une maniere de s'ajuster, de parler, de marcher, une humeur souvent bisare & capricieuse.

¶ Louis XI. possédoit toutes les bonnes & les mauvaises qualités qui servent à faire de grandes conquêtes par toutes sortes de voies, & à les conserver

ver de même à la réserve d'une
feule ; mais le manquement de
celle-là , lui rendit les autres
prefqu'entiérement inutiles.

Il avoit la mine roïale , le
corps grand , bien porportion-
né , robufte & capable de toutes les fonctions militaires. Son
efprit étoit pénétrant, rafiné,
& toujours en action , defcen-
dant auffi facilement aux ba-
gatelles qu'il s'élevoit aux chofes les plus fublimes. Il accommodoit tout à l'état prefent de
fes affaires ; il étoit moins que
médiocrement fenfible à tout
ce qu'il y a de plus engageant
dans les inclinations humaines,
& même dans les naturelles : il
méprifoit volontiers les régles
qu'il ne pouvoit accorder avec
les maximes de la politique.
Cependant Prince n'acheta jamais fi cher les perfonnes fingulieres en vertu & en mérite.

Il

Il ne confultoit en cette forte de dépenfe , que le fruit qu'il en pouvoit tirer , & le dommage qu'en recevoient fes ennemis. Il n'alloit jamais directement à fon but, & cherchoit partout des détours afin de faire perdre aux plus éclairés la trace de fa conduite. Il afpiroit aux plus grandes chofes fans en avoir pris le moindre foin , . & il n'aimoit pas tant à faire du bien qu'à en recevoir de qui que ce fut. Il n'étoit pas indigne à la guerre de commander à de braves hommes ; mais il ne s'y faifoit pas tant craindre que durant la paix , puifqu'il avoit en pleine campagne plus de peur d'être mal avec fes Soldats , que fes Soldats n'en avoient d'être mal avec lui. Il feignoit d'ignorer leurs mauvaifes actions , pour n'être pas obligé de les châtier , & c'étoit feulement en de tel-
les

les conjonctures qu'il étoit permis d'abuser de sa facilité, c'est-à-dire que hors de là, ses parens, ses amis, ses ennemis, & les personnes indiffrentes, le trouvoient également inéxorable ; au lieu que les autres vont à l'ambition par l'avarice, il alloit à l'avarice par l'ambition. Il ne se soucioit pas d'avilir sa dignité en briguant l'amitié des gens de basse condition, dont il croïoit avoir besoin, & il s'abaissoit pour y parvenir jusqu'à des extrémités qu'il eût été fâché qu'on eût sçûes. Il prenoit pour manquement d'esprit la douceur & la franchise. Il n'aimoit rien, à parler proprement. Il ne railloit jamais de ses ennemis ; mais presque toujours de ceux de sa connoissance. La calomnie & les faux raports étoient souvent des moïens de s'avancer auprès de lui ;

lui ; il cherchoit à se faire craindre par le mal qu'il pouvoit faire, & imputoit comme une faveur à ceux à qui il n'en faisoit point. Mais la plus grande de ses imperfections & celle qui lui attira tous les maux qui troublérent la tranquilité de son Régne, fut la haine qu'il ne put jamais vaincre ni modérer, elle devenoit d'abord irréconciliable, & l'excès où elle arrivoit dans la suite de ses années ne peut être exprimé qu'en la representant si effroïable pour l'héritiere de Bourgogne, qu'il aima mieux perdre les dix-sept Provinces des Païs-Bas qu'elle aportoit en dot, que de la recevoir pour sa bru, ou la donner en mariage au pere de François Premier.

¶ Mes éditions de la vie de Louis XI. font presque toutes différentes par les faits. La
moi-

moitié du portrait que je vous
ai fait de ce Prince, n'est pas
dans son Histoire réimprimée
par Abraham de Hondt, quoique conforme à celle in quarto
de Barbin ; mais se lit dans les
impreſſions de Hollande in
douze de 1685. & 1687. Louis
XI. aimoit la guerre & pourtant il n'y étoit pas plûtôt entré, que la crainte d'un revers
de fortune lui faiſoit rechercher la paix ou la tréve, avec
des empreſſemens qui le ren-
doient méprisable à ſes ennemis ; il se relàchoit dans la pros-
périté comme il eſt aſſez ordinaire aux grands Princes ;
mais il n'y en eut jamais de ſi
ingénieux ni de ſi libéral que
lui , lorſqu'il s'agiſſoit de ré-
parer les fautes que l'excès du
bonheur lui avoit fait commet-
tre. Rien ne lui coûtoit en de
ſemblables conjonctures , & c'é-
toit

toit principalement alors qu'il
sembloit avoir oublié sa dignité, tant il s'abaissoit à l'égard
des personnes de quelque condition qu'elles fussent s'il les
avoit offensées, pourvû qu'il
espérât par là de se réconcilier
plûtôt ou plus aisément avec
elles. Il ne se servoit point du
ministere d'autrui dans ces oc-
casions. Il travailloit lui-même
à faire sa paix, & le succès lui
avoit apris que ses affaires en
alloient mieux, lorsqu'elles ne
passoient que par ses mains.
Si l'éloignement ou quelque
autre cause le contraignoit d'a-
gir par un médiateur, il ne demandoit en lui que de l'esprit &
de l'adresse, & ne se soucioit
ni de l'expérience ni de la pro-
bité. Il étoit ravi que ceux
dont il se servoit fussent de basse naissance, parce qu'il supo-
soit que la négociation en

se-

feroit d'autant plus fecréte, &
qu'en tout cas il lui feroit plus
aifé de les défavoüer. Il leur
donnoit à la verité fes ordres
par écrit ; mais c'étoit d'une
maniére fi obfcure qu'il trouvoit
toujours affez de prétextes pour
leur en envoïer d'autres lorfqu'il
le jugeoit à propos, fans que l'on
fut obligé de recommencer la
négociation. Il ne retenoit jamais de copie de cette forte
d'ordre ; & il s'en fioit uniquement à fa mémoire, qui ne lui
rendit jamais de mauvais office
en ce point. Il traita toute fa
vie avec fes ennemis, & s'il y
eut de l'erreur dans fes traités,
elle ne vint jamais de lui ni de
ceux qu'il emploïoit. J'ai ofé
écrire dans l'Epitre dédicatoi-
re de ce Livre qui étoit le quin-
ziéme volume que j'offrois au
Roi Louis XIV. que fon Prédé-
ceffeur Louis XI. a été le plus
extra-

extraordinaire dans sa conduite de tous les Rois qui ont
gouverné la Monarchie Françoise ; que l'on ne peut discon-
venir que Louis XI. n'eût de
l'esprit, & même qu'il n'en eût
au-delà de tout ce que l'on peut
imaginer ; mais que cet esprit
étoit sujet à des égaremens que
l'on auroit de la peine à croire, si Philippes de Comines
n'en avoit lui-même été témoin.
Les négligences que ce Prince
eut pour l'éducation de Charles VIII. qui lui succeda, noirciront éternellement sa mémoire. De tous les portraits que
j'ai faits, celui de Louis XI. le
plus sincére m'a coûté, en l'é-
tat qu'il est, une lecture de cinq
ou six cens Lettres originales
qui m'ont passé par les mains à
la Bibliothéque du Roi.

¶ L'origine du proverbe de
l'anguille de Melun vient de certains

tains bâteleurs qui represen-
toient des Tragédies saintes à
Melun. Un jour que l'on jouoit
un myſtére de ſaint Barthele-
my, celui qui étoit étendu ſur
la croix qui ſe nommoit l'anguille, voïant paroître les
bourreaux avec de grands cou-
teaux à la main pour l'écorcher,
eut une telle peur qu'ils ne le
bleſſaſſent, qu'il ſe mit à crier
de toute ſa force. Voilà l'origine du proverbe de l'anguille
de Melun qui crie avant qu'on
l'écorche. Ces joueurs de myſ-
téres où ces pauvres Comédiens
s'étant rencontrés dans un Vil-
lage, & aïant fait pendant trois
jours de la dépenſe dans un ca-
baret, ne ſe trouvérent pas en
état de ſatisfaire l'Hôte de la
maiſon ; ils lui offrirent de jouer
afin de le païer de ce qu'ils re-
cevroient. Il y conſentit & cet
Hôte fit dreſſer comme une eſ-
péce

péce de grand Théatre dans sa
grange : on fait avertir les Vil-
lageois qu'il y avoit des Comédiens qui alloient repréfenter
une Comédie. Tout le monde
s'y étant rendu avec empreffe-
ment, & les Comédiens aïant
emprunté des habits dans le Vil-
lage , repréfentérent le mieux
qu'il leur fut poffible , jufqu'à
la Scéne où le Seigneur paroit
& parle ainfi à S. Mathieu.

Dem.	Mathieu ?
Resp.	Plaît-il Dieu.
Dem.	Prens ta fourche & ton épieu
	Et me fuis en Galilée :
Resp.	Prendrai-je auffi mon épée ?

Quand les deux Acteurs re-
préfentans le Seigneur & faint
Mathieu eurent fait leur rôle , ils
prirent le chemin de la porte
au lieu de celui de Galilée , &
emportérent toutes les hardes
des pauvres Païfans qui atten-

dirent avec grande impatience
que l'on achevât la piece ; mais
ils étoient décampés. On dit que
ces Vers sont d'un livre intitulé
les Actes des Apôtres, transla-
tés fidélement & réduits par
forme de mystéres par person-
nages, composé par Me Simon
de Gréban Docteur en Théologie & aprouvé par des Doc-
teurs. Ce sont, si l'on peut
parler ainsi, des Comédies saintes fort plaisantes par leur naï-
veté. Ces mystéres ont été
joués à Paris, ainsi que le dit
la Préface imprimée en l'année
1536.

¶ Dans la famine on dévore
avec une égale fureur tout ce
qui semble pouvoir fournir d'a-
liment. Il n'y a point de repti-
le qui soit épargné, & non-
seulement il n'y a plus de délicatesse ni plus de dégoût, mais
il semble qu'il n'y ait plus de
raison

raison pour distinguer ce qui est bon d'avec ce qui est nuisible. Chacun sçait les Histoires horribles des meres qui ont devoré leurs enfans dans des Villes assiegées, & que l'ingénieux Seigneur Mendoze conseilla fort gravement aux Parisiens assiegés par le Roi Henri IV. de faire du pain des os de leurs ancêtres.

¶ Un facétieux de Rouen, un Apoticaire nommé Cardan Lorin, allant à la provision pour le dìner, acheta une carpe, qui en revenant, comme il passoit sur le pont de Robec, se lança de ses mains & tomba dans l'eau. Peu content de la surprise, il va droit à son logis, se fait suivre par sa femme & ses enfans, & lorsqu'ils furent sur le pont de Robec, les aïant fait mettre à genoux, leur fit dire Graces.

D 3

Les

¶ Les vins de Toscane sont fort doux. Il vint en France un Envoïé du grand Duc qu'un Seigneur voulut régaler d'un vin de Champagne qu'il tenoit excellent. Il fut prié d'en venir goûter, & son sentiment lui aïant été demandé sur ce vin: Il répondit naïvement qu'il n'avoit jamais bû de si bon verjus. Les Italiens ont un proverbe qui dit que les François ont du vin aussi verd que leur cervelle.

¶ Lorsque je récite des Vers moi seul, ou que je les débite de vive voix à mes amis, c'est que je n'ai point de matiere plus utile & plus nécessaire à leur mettre sur le tapis. Prenez pour valeur le Sonnet en bouts rimés que voici.

Ce métal précieux, cette fatale *Pluïe,*
Qui vainquit Danaé, peut vaincre
  l'Univers,
   Par

Par lui les grands secrets sont
    souvent   *découverts*,
Et l'on ne répand pas de larmes
    qu'il   *n'essuie*,

Il semble que sans lui tout le bon-
    heur nous   *fuie*,
Les plus grandes Cités devien-
    nent des   *déserts*,
Les lieux les plus charmans sont
    pour nous des   *enfers*;
Enfin tout nous déplaît, nous cho-
    que & nous   *ennuie*.
Il faut pour en avoir ramper com-
    me un   *lézard*,
Contre les grands défauts c'est
    un excellent   *fard*,
Il peut en un moment illustrer la   *canaille*,
Il donne de l'esprit au plus lourd   *animal*,
Il peut forcer un mur, gagner
    une   *bataille*,
Mais il ne fait jamais tant de
    bien que de   *mal*.

¶ Le sujet annoblit l'ouvrage.
Ciceron attribue plûtôt à So-
        D 4   crate

crate la réputation des livres
de Platon, qu'à sa divine éloquence. Et lui-même se flatte
de l'immortalité de ses livres de
l'Orateur, par la curiosité que
la postérité aura de sçavoir
quelque chose de ce fameux
Crassus qui en fait le principal
sujet. *Cic. l. 3. de Orat.*

¶ Il y a souvent de l'iné-
galité dans les travaux d'esprit, principalement dans ceux
où il entre de l'entousiasme
comme dans la Peinture, dans
la Poësie, & dans la Musique.
Le Carache disoit qu'il avoit
vû le Tintoret tantôt égal au
Titien & tantôt bien au-dessous
du Tintoret. *Ho veduto il Tintoretto hora eguale à Titiano,
hora minore del Tintoretto...*
Bellori.

¶ Le Dominiquain avoit
fait un Tableau où il y avoit
quelque chose qui avoit plû à
une

une cabale d'envieux & d'ignorans qui s'acharnoient ordinairement à décrier tous ses ouvrages. Il en témoigna beaucoup de chagrin. *J'ai bien
peur*, dit-il, *que mon pinceau ne
m'ait trahi, & qu'il ne lui soit
échapé quelque mauvais trait,
qui ait plû à ces ignorans-là.*

¶ Le jeûne est une marque
d'une très-grande affliction, &
non pas une action satisfac-
toire. David ordonne un jeûne
pour la mort d'Abner ; or comme on doit être très-faché d'a-
voir péché, on accompagna
le repentir de cette marque
extérieure d'une grande douleur, laquelle étoit déjà en usage, & de là est venu le jeûne.

¶ Un homme qui ne cessoit
de faire des juremens, aïant
été repris en Justice de jurer le
nom de Dieu à chaque parole
qu'il disoit, fut condamné à

trois mois de prison. Le tems expiré, le Juge le fit venir devant lui, & lui demanda s'il étoit dans le dessein de retomber dans sa même faute. *Hélas,* lui répondit-il naïvement & en tremblant : *Je vous promets, Monsieur, de ne parler jamais de Dieu ni en bien ni en mal.*

❡ Un gros Païsan aïant donné le choix à son fils de prendre quelque état ; son fils lui répondit : *Mon pere, de deux choses l'une, ou faites-moi Sergent ou Cordelier.*

❡ Le Caporali écrit que le seul défaut qu'avoit Mécenas, c'étoit de regarder dans son mouchoir après s'être mouché.

Sol notato gli fu questo deffetto,
Chusava sempre ches haveva sortito
Il naso di riguardar sul'fazzoletto.

❡ Balzac dit qu'il a vû un grand Seigneur qui croïoit qu'Aqu'Aléxandre n'avoit non plus été qu'Agamemnon & Amadis, lorfqu'on lui eut dit qu'il faifoit fes aumônes en talens, & qu'un talent valoit fix cent écus de notre monnoie.

❡ M. de. . . apelle M. de. . . le fripier du P. Mallebranche, comme on lui parloit un jour de lui : *Eh le pauvre Philofophe, dit-il, fon efprit a le devoiement, il ne fait plus que des idées toutes claires.*

❡ Henri IV. Roi de France difoit ordinairement pour toute exhortation à fes troupes lorf-qu'il les menoit au combat, *faites comme je ferai.*

❡ On penfe de deux manie-res fur les chofes obfcénes, l'une en homme chafte qui ne les confidére que par le raport qu'elles peuvent avoir aux cho-fes dont il eft obligé de parler fouvent, & l'autre en homme

dissolu, qui arrête entiérement
son attention à l'obscénité, &
qui s'y plaît. Or les maniéres
de s'exprimer dont se sert le
premier, sont censées honnêtes, parce que son consente-
ment ne va qu'à l'honnêteté,
& celles dont se servent les autres sont réputées obscénes,
parce que sa pensée est obscéne.

Ce n'est pas à dire pour cela
que les mots soient en eux plus
honnêtes les uns que les autres, que les lettres qui composent le mot de membre viril,
soient plus chastes & le sens
qu'elles rendent, que celles qui
composent le terme dont l'impudence a accoutumé de se servir. C'est l'usage seul qui donne aux termes cette honnêteté
ou cette impudence qu'ils ont
dans le monde. L'usage fré-
quent que les honnêtes gens
ont

ont fait du premier l'a rendu honnête , & celui que les impudens ont fait du second l'a rendu obscéne. On a rougi de leur impudence , & on n'a pas voulu se servir des mêmes termes de peur que l'on ne crut que l'on eut la même intention.

Tellement qu'en prononçant le premier, on est sensé ne pas arrêter sa pensée à l'obscénité ; & en prononçant le second , on est réputé s'y plaire. Le grand nombre des impudens a fait le grand nombre des termes obscénes. Nous pensons une malice dans les termes de l'Ecriture qui n'y est pas. C'est à notre corruption que se doit cette précaution des femmes qui sont contraintes de se couvrir jusques aux moindres parties du corps, tant nous sommes ingénieux à penser mal.

L'objection des Stoïciens

tombe par terre, l'obscénité,
disent-ils, est dans la chose, ou
dans le terme, elle n'est pas
dans la chose. Ils ont raison,
car ce n'est pas un crime que
de raconter des crimes, & il
n'y a pas plus de mal à dire il
a violé, il est adultére, qu'à
dire c'est un voleur, & un
meurtrier. Elle n'est pas dans
la chose non plus, poursuivent-
ils. C'est ce qu'il faut examiner.
Elle n'est pas dans la chose na-
turellement, mais par l'abus
qu'on en fait, en lui faisant si-
gnifier une intention obscéne.
(*Vide Ciceron. Epist.* 172. *lib.* 9.)

Comment certains termes
sont-ils plus bouffons les uns que
les autres, quelle pauvreté ! le
mot de Ménestrier a-t-il plus
pour nous faire rire que celui
de Musicien, si ce n'est l'usage
que ceux qui veulent faire rire
en ont fait. Ce n'est pas cet
usage

usage qui fait que les vieux termes Gaulois si graves à nos
ancêtres nous font rire, c'est
l'usage que les Poëtes burles-
ques en ont fait.

Pierre de Montmaur Professeur du Roi en langue grecque,
selon Monsieur de Marolles, a
composé plusieurs devises &
des inscriptions latines qui
consistent dans des allusions
aux noms, & dans des choses à
double sens, où son esprit se
plaisoit grandement. Le même
Auteur dans ses Mémoires dit
qu'en 1617. Montmaur surnommé le Grec, fut précepteur de
Roger de Choiseul, fils aîné de
Charles de Choiseul Marquis de
Pralin, qui fut Maréchal de
France deux ans après. Il a été
l'objet de la satire de tous les
Auteurs de son tems. Monsieur
l'Abbé de la Mothe le Vaïer
est Auteur du *parasite Mormon*
qui

qui n'est que l'anagramme du nom de *Montmor* mal écrit, il l'écrivoit *Montmaur:* Au-dessous de la petite estampe de Montmaur métamorphosé en marmite. Il doit y avoir, *né pour marmiter*, & non pas, *né pour marmite*, car de cette seconde maniere, l'anagramme ne seroit pas juste : on a fait quantité d'autres anagrammes sur Montmaur comme celle-ci, *armé pour mentir*, on y trouve ainsi que dans l'autre le nom de *Pierre Montmaur* lettre pour lettre. Monsieur Ménage est pour ainsi dire celui qui a sonné le tocsin contre ce parasite. Dès l'an 1636. Il composa *sa vie* en latin qui se lit dans son Miscellanea ; avant lui Charles Feramus avoit aussi mis un poëme latin au jour, qui a pour titre *la journée de Montmaur*, l'Abbé Cotin qui s'est déclaré ſi ouvertement contre Ménage par ſon petit livret de *la Mé-nagerie*, promet dans ſa ſecon-de partie un petit poëme dont il cite ce commencement.

Plus ardent que Jaſon après la toiſon dor ;

Je veux pouſſer cette avanture,

Juſqu'à faire douter à la race future,

Qui fut le plus pédant de Ménage ou Mont-maur.

Il ajoute à la page ſuivante un Sonnet qui finit ainſi :

Je n'excuſe l'erreur ni le crime d'autrui ,

Mais je ne puis ſouffrir que le fameux Ména-ge

Entreprenne un pédant bien moins pédant que lui.

La publication des ouvrages de Montmaur eſt trop faſtueuſe pour n'être pas une critique contre l'Auteur même. Elles ne rempliſſent au plus que ſept à huit pages. En voici le titre françois. *Oeuvres de Pierre de Montmaur Profeſſeur Roïal en langue*

langue grecque , divisée en deux volumes , dont le premier renferme la Prose & le second les Vers , édition enrichie de Commentaires. Il s'y trouve une piéce en Vers de l'an 1623. Adrien de Valois publia ces Oeuvres de Montmaur en 1643. in quarto, ausquelles il ajouta des notes proportionnées au titre de ces Oeuvres.

Sarrasin a publié en latin *la guerre parasitique* , & semble avoir dressé le *testament de Montmaur* par celui *de Goulu.* Un Auteur anonime a mis au jour un in octavo que j'ai vu à la Bibliothéque du Roi, il est intitulé , *Parasitosicophantoso-phistæ* , comme qui diroit *la Marmitodeïfication de Mont-maur* , c'est un in octavo impri-mé à Paris qui est fort rare. Ce n'est qu'une assez médiocre imitation du jeu de Séneque sur

la

la mort de l'Empereur Claude.
Enfin on a fait la *Metamor-*
phofe de Montmaur en cheval &
en perroquet. Un des Meſſieurs
Rigauds, & un neveu du fameux Surmond ont auſſi écrit
contre ce paraſite : le premier
a mis au jour *l'Enterrement pa-*
raſitique. Dalibrai a compoſé
l'antigomor qui eſt un Recueil
de 73. Sonnets, Epigrammes,
Rondeaux, qui font partie de
ſes poëſies, auſſi bien que *la*
Métamorphofe de Gomor en
Marmite. M. Ménage m'a lu
une *Requéte de Petrus Mont-*
maur Profeſſeur du Roi en lan-
gue hellenique, à Noſſeigneurs
du Parlement, qui eſt du même goût que ſa Requête des
Dictionnaires. Je me ſouviens
encore de ces Vers, qui font
partie de cette piéce où il eſt
parlé des chevaux celebres.

Le

Le cheval du bon Pacolet,
Qui par l'air comme oiseau voloit.
Le grand Rabican d'Argalife,
Du brave Roger l'Hippogriphe.
Et l'Arondelle d'Olivier,
Auſſi viſte qu'un Eſpervier.
Le Frontalet de ſa Cripante,
De Dom Guichot le Roſſinante.
Du fameux Renaud le Bayard,
Le Hédart du brave Wiard.
Bride d'or, la jument gradaſſe,
Que ce Capitaine fracaſſe.
Le valeureux Renaud tua,
Et celle de Gargantua
Près de lui ſeroient des mazettes,
Et haridelles à charettes.

J'ai vu Montmaur couché ſur l'état des Profeſſeurs, Lecteurs, & Hiſtoriographes du Roy de l'année 1649. pour ſix cent livres. Balzac l'a auſſi harcelé par une déclamation intitulée *le Barbon*. J'ai lû en manuſcrit par des Auteurs inconnus, l'Hiſtoire *de Gomor*,

&

& l'*Eloge Historique du Sieur Gomor*, ces deux derniers ouvrages n'ont point paru. Je pense que le dernier Poëte qui a barbouillé ce pauvre Professeur est le Satirique françois,

Tandis que Colletet croté jusqu'à l'eschine,
S'en va chercher son pain de cuisine en cuisi-
   ne,
Savant en ce métier si cher aux beaux Esprits,
Dont Montmaur autrefois fit leçon dans Paris.

A propos du Poëte Colletet, c'étoit un bon homme en assez bonne réputation du tems du Cardinal de Richelieu, dont il a recu un jour six cent livres pour six Vers, & douze cent livres pour une Epigramme. Le Poëte épousa trois de ses servantes l'une après l'autre, & la derniere lui fit une Epitaphe charmante en françois que le Pere Vavasseur Jesuite excellent Poëte traduisit en Vers latins aussi parfaitement beaux.

Je

Je les sçai & ne puis m'en sou-
venir qu'avec plaisir.

¶ Le Roi Jacques d'Angle-
terre à présent en Irlande,
avoit donné sa fille au Prince
d'Orange aujourd'hui couronné Roi d'Angleterre & procla-
mé Roi d'Ecosse, non seulement malgré le Roi de France
dont il n'étoit pas ami en ce
tems-là, mais même malgré
son frere le Roi d'Angleterre
dernier, qui dit avoir souffert
violence de la part de son frere pour y consentir.

Le Roi Jacques n'est pas un
esprit sublime, mais il a du
cœur & de la fermeté.

Défunt son frere, quoique
mal vivant & d'un médiocre
crédit, a fait lever le blocus
de Luxembourg au Roi de
France dans un tems que le
pain y valoit déja un écu la
livre, & cela par une simple
lettre

lettre écrite au Roi soûs prétexte peut-être qu'il étoit ga-
rand des derniers traités d'entre la France & l'Espagne, ou
qu'il jugeoit de sa politique d'en
user ainsi.

Le Roi Jacques I. étoit le
meilleur Prince qui ait jamais
été & le mieux faisant, quoiqu'on lui ait tranché la tête,
d'où j'infere que les Anglois
font d'étranges peuples qui ne
veulent pas être traités douce-
ment par leur Roi, & qui
d'ailleurs s'en sçavent défaire
quand il leur plaît, tant ils font
difficiles à gouverner.

Les Anglois que Cromwel
nous avoit donnés au siége
de Dunkerque, où Monsieur
de Turenne gagna une Bataille, ont été vûs grimpant les
dunes leurs épées à leurs dents.

Le Prince d'Orange a de
plus véritables amis en Ecosse
qu'en

qu'en Angleterre à caufe de la
Religion pour laquelle les
Ecoffois font les plus opiniâtres. Ce font les plus méchans
Proteftans du monde. C'eft-à-
dire les plus entêtés & les plus
opiniâtres.

¶ L'on remarque deux cho-
fes fingulieres du Roi de France Louis XIV. que jamais il
n'a dit chofe dont il ait lieu de
fe repentir, & que jamais on
ne l'a vû en colere ni dire à
perfonne aucune dureté ni
aucune parole choquante.

Les Grands de Portugal
fouhaitent le mariage de l'In-
fante avec le Roi d'Efpagne
comme un moïen de réunir le
Portugal à l'Efpagne, dans l'ef-
pérance d'avoir des emplois
plus confidérables dans la fuite ; mais les peuples y font entiérement opofés, comme en
effet ce ne feroit pas leur mieux.
Le

Le Duc de Neubourg a sept garçons & sept filles dont l'Empereur a époufé une, le Portugal une, & l'on en destine une au Roi d'Espagne.

Les fortifications que le Roi a fait faire à Strasbourg ont coûté quarante millions.

Celles de Nanci qui n'est encore qu'à demi fortifiée ont coûté vingt millions, quoiqu'elles valent beaucoup moins que les anciennes que nous avons démoli.

Le Comte Técheli Hongrois, né sujet de l'Empereur, n'a que trente-trois ans, quoiqu'il soit habile homme & sçache parfaitement la guerre, s'y étant toujours exercé pour le parti des Turcs contre l'Empereur, depuis l'âge de quinze ans qu'il avoit lorsqu'il sortit la nuit après avoir fait un trou à la muraille du College des Jésuites, où il étudioit à Vienne, aussi-tôt qu'il eut appris qu'on avoit fait trancher la tête à son pere ; il est presentement à la tête des Troupes du Turc, prêt à entrer pour lui en Transilvanie. Le Roïaume de Hongrie est le meilleur & le plus gras Païs de l'Europe, & si un Roi étoit bien établi & le Roïaume remis des desordres de la guerre, ce seroit le plus puissant Roïaume du monde.

La Princesse Ragotzi n'a rendu sa Ville de Montgas dans la haute Hongrie que faute d'argent pour païer sa milice, aïant encore beaucoup de vivres & de munitions.

Les deux meilleurs Généraux que nous aïons aujourd'hui en France pour les armées, sont Catalans ; M. de Monclar & M. Calvo.

¶ Un

¶ Un Page servant à la table de son Maître, y mit une
tête de chévreau sans cervelle,
parce qu'en la portant il l'a-
voit mangée. Comment, lui
demanda-t-il, cette tête n'a-
voit-elle point de cervelle? non,
répondit le Page, le chévreau
étoit Musicien.

¶ Alphonse d'Este Duc de
Ferrare, leva une fois la conversation sur le talent qui oc-
cupoit un plus grand nombre
de personnes. Les uns dirent
que c'étoit le métier des Tail-
leurs, des Cordonniers, les
autres celui de Menuisiers, de
Cuisiniers, de Procureurs; enfin les derniers étoient pour
les Chapeliers, & les Labou-
reurs. Gonelle Bouffon du Duc
prit la parole, & dit, que la
quantité de Médecins surpassoit celle de toutes les autres
Professions, & fait gageure
E 2   avec

avec le Duc qui étoit d'un avis
contraire, qu'il étoit facile de
prouver en 24. heures ce qu'il
avançoit. Le jour suivant Gonelle quitte sa maison, un bonnet de nuit sur sa tête, une
serviette qui lui bridoit par
dessous le menton, en sorte
que l'on lui voïoit fort peu du
visage; son chapeau couvroit
les différens linges, ainsi que
son manteau son dos. Equipé
de la sorte, il va par la ruë
des Anges, au Palais de son Ex-
cellence. Aussi-tôt de rencon-
trer un ami qui le questionne
sur ce qu'il a, un mal de d nts
enragé, dit-il: comment répond l'autre, ignorez-vous que
j'ai un reméde excellent pour
apaiser votre douleur. C'est telle chose, & Gonelle d'écrire
le nom du personnage, en
feignant de tenir notte du re-
cipe. Il n'a pas fait deux pas
plus

plus loin qu'il voit deux autres amis, qui l'interrogent de
même, en lui donnant chacun
leur fecret ; il tient notte de
leurs noms, tellement qu'avan-
çant toujours par la même ruë
qui que ce foit ne l'acofta, qui
ne lui aprit des remédes dif-
femblables les uns aux autres, &
qui ne lui jura être moins in-
faillible que celui de ceux qu'il
écrivoit. Il les couche tous fur
des tablettes. Arrivé proche
la baffe Tour du Palais, il eft
encore plus obfédé de nouvelles
gens, qui inftruits de la caufe de
fon indifpofition, prétendent
que ce qu'ils fçavent chacun
pour le tirer d'affaire, font des
remédes fouverains. Lui de
leur faire fes remercimens, &
d'écrire à droite & à gauche.
Lorfqu'il met après le pied dans
l'apartement du Duc, celui-
ci lui demande fort haut, &

E 3　　　avec

avec impatience , *Eh , pauvre Gonelle , qu'as-tu ?* Il répond tristement , *une fluxion de dents cruelle. Tu ne peux,* lui dit le Duc, *mieux guérir que par ce que je sçai là-dessus , quand même tes dents seroient endommagées. Mon Médecin Antonio Musfa Brassavolo n'a jamais eu de meilleure recette. Prens de telle & telle chose.* A l'instant Gonelle jettant bas son bonnet de nuit , & tout ce qui lui couvroit la tête , s'écrie , & vous aussi , Monseigneur , vous êtes Médecin. Jettez les yeux & lisez la quantité que j'en ai rencontré depuis ma maison , jusqu'à votre Palais. Il y en a près de deux cent , & si je n'ai traversé qu'une ruë , cependant je parie de faire registre de plus de dix mille en cette Ville , si je la parcours entiérement , voïez quel est le métier dont

dont il y ait si grand nombre de gens.

¶ Blacas Poëte Provençal, issu d'une noble famille d'Arragon, florissoit du tems de Charles II. Roi de Naples, Comte de Provence, sous lequel il porta les armes lorsque ce Prince conquit ce Roïaume. On prétend qu'en plusieurs actions, il fit preuve de sa valeur, & que le Roi Robert fils de Charles, le récompensa par quelques Seigneuries de la Provence : le pere de Blacas aussi Gentilhomme, que l'on surnommoit *Lou grand guerrier*, par sa vaillance, donna une si belle éducation à son fils, que sa douceur, sa générosité éffacérent celles de toute la Noblesse de son tems ; l'Histoire fait mention que la famille de Blacas est certainement originaire d'Arragon,

 sur

sur une chanson que l'on cite du pere, où il invective la Nation Provençale d'avoir tourné le dos à l'Arragon, Roïaume à laquelle elle avoit été soumise si long-tems, pour se mettre sous le joug de la maison d'Anjou. Blacas le fils a écrit des chansons d'amour à la loüange de toutes les Dames de Provence, un livre de la *maniere de bien faire la guerre* resté manuscrit. Il étoit en réputation l'an 1300.

¶ Colletet parlant des Sonnets latins rimés, auroit pû citer celui-ci d'un certain Ganiméde Pamfili della Marca.

Qui summos populos regit potentes,
Altum qui potuit creare mundum,
Cœlúm, sidera, marmor, & profundum
Saltûs robur, & arbores patentes.
Axes te faciat vehi ad nitentes
Felicem, facilem, bonum & jocundum,
Vestræ non habeant opesque fundum

Sed

Sed sint attalicis mage eminentes.
Fias Pallade doctior Poëta,
Solers omnibus artibus magister
Vitâ vivere tu queas quietâ.
Currens ingenium tibi est ut Ister,
Omni munere vita sit repleta,
Et fias Jovis optimus minister.

Le bon Fabricio da Luna dans son *Vocabulario* imprimé in quarto à Naples 1536. a raporté ce sonnet au mot *mondo*, & le loüe comme un chef-d'œuvre d'esprit & d'invention, ne sçachant pas que Lancinus Cartius s'étoit amusé quinze ans auparavant à rimer des Hendecasyllabes aussi ridicules, & aussi plats que celui de Pamfili.

¶ En 1650. le septiéme jour d'Aoust, sur les dix heures du matin, le Roi étant à Libourne, Monsieur Dangouille qui étoit pour-lors un des Gentilhommes de M. le Car-

 dinal

Cardinal Mazarin , préocupé
à ce qu'il a dit depuis , de
quelque faux raport qu'on lui
avoit fait , aïant aperçu M.
Roze comme il alloit trouver
son Eminence les mains plei-
nes de dépêches , sans armes
& sans nulle défiance s'apro-
cha de lui , l'épée au côté &
un bâton à la main , & après
l'avoir salué assez civilement ,
le frapa de toute sa force de
son bâton sur l'épaule , & se
tira aussi-tôt à l'écart , regardant Monsieur Roze avec
furie , menaces , & juremens :
un affront aussi sanglant que
celui-là , fait à un homme qui
étoit Conseiller d'Etat & Sécretaire du premier Ministre ,
dans le tems qu'il lui portoit
des lettres à signer en plein
jour , en pleine ruë , aux yeux
de toute la Cour & sans aucun sujet , ayant été raporté à
Mon-

Monsieur le Cardinal Mazarin
avec toutes ces circonstances,
elle envoïa M. Dangouille dans
les prisons de Libourne, & permit à Monsieur Roze de le
poursuivre criminellement, ce
qu'il fit par-devant M. le grand
Prevost qui décréta prise de
corps ; mais avant que le dé-
cret pût être expedié, quelques
Gentilshommes de son Emi-
nence craignant que Monsieur
Dangouille ne fût écroüé pour
des crimes dont il étoit pré-
venu, & que ce ne fut une espece de tache à leur honneur,
lui donnérent moïen de s'éva-
der & de se retirer chez lui.
Depuis ce tems - là Monsieur
Roze n'avoit presque pas entendu parler de M. Dangouille jusques sur la fin de l'année
1658. que Monsieur l'Evêque
des Sées lui dit qu'il auroit fort
souhaité qu'il voulut entendre

à quelque accommodement avec Monsieur Dangouille, s'expliquant là-dessus non-seulement avec la charité d'un Prélat, mais aussi avec toute la civilité, la franchise, & l'honnêteté d'un homme de condition & de naissance tel qu'il étoit.

Monsieur Roze se défendit, & recula d'entrer en matiere, sur la résolution qu'il avoit prise de sçavoir la volonté de M. le Cardinal Mazarin qui étoit la principale partie. M. de Sées lui en parla & ensuite dit à Monsieur Roze, qu'elle remettoit à lui de faire ce qu'il voudroit. Alors le Sécretaire du Ministre répondit à M. l'Evêque de Sées, qu'encore que dans l'affaire dont il s'agissoit, l'offensé ne put être obligé d'aller pardevant Messieurs les Maréchaux de France, il s e soumettoit de bon

cœur

cœur à ce qu'il leur plairoit
d'ordonner, mais qu'il déclaroit franchement qu'il ne falloit
pas attendre qu'il relàchat rien
de la rigeur des Edits & Dé-
clarations du Roi, ni du Reglement qu'ils avoient fait enfuite par ordre de Sa Majefté.
Qu'on y voïoit clairement qu'il
falloit commencer par un an
de prifon, après cela demander
pardon & fe foumettre aux
coups, & que l'article dixiéme
du même Reglement porte en
termes exprès, que dans toutes
les offenfes de coups de main,
de bàton, & autres femblables,
outre la prifon & la foumiffion, on pourra obliger l'of-
fenfé de châtier l'offenfant par
les même coups qu'il aura reçus, quand même il auroit la
générofité de ne les vouloir
pas donner, & M. Roze lui fit
remarquer que s'il y avoit un cas

où cela se dùt pratiquer, assurément c'étoit le sien. M. Roze
s'ouvroit dès-lors encore davantage, car M. l'Evêque de Sées lui
aïant demandé si son intention
seroit de fraper. Il lui répondit
que si dans le tems que l'accommodement se feroit, il é-
toit en la même humeur où il
se trouvoit alors , assurément
qu'il fraperoit. Soit que M.
Dangouille apréhendàt que se
mettant au Fort-l'Evêque il
n'en sortit pas quand il voudroit à cause des méchantes
affaires qu'il avoit d'ailleurs
sur les bras , ou que quelques
autres considérations le retint.
Cette affaire n'eût pour-lors
d'autre suite , & M. l'Evêque
de Sées dit seulement à M.
Roze qu'il falloit attendre une
autre conjoncture , à quoi il
souscrivit d'autant plus volontiers qu'il n'avoit nulle impatience

tience pour cet accommodement. Enfin le trois ou quatre
de Juillet , son Eminence
étant à Amboise , Monsieur
l'Evêque de Sées qui l'y étoit
venu joindre dit à M. Roze
qu'il avoit amené Monsieur
Dangouille avec lui à dessein
d'achever l'accommodement
duquel il lui avoit parlé. M.
Roze lui fit connoître que lorsqu'ils auroient discouru d'aller
pardevant Messieurs les Maréchaux de France , il présupo-
soit que ce fût à Paris aux
yeux de toute la France & non
dans un lieu à l'écart & durant
une marche précipitée comme
la leur , où le premier article
concernant la prison étoit im-
praticable à moins de se vouloir contenter d'une prison
ambulatoire & chimérique. Que
s'il vouloit attendre leur retour
à Paris , il y donnoit les mains
sans

ſans difficulté, mais qu'il voïoit
bien que ce n'étoit pas le com-
pte de Monſieur Dangouille,
qui ne devoit point perdre
l'occaſion du mariage du Roi
pour ſe tirer d'embarras, ce
qu'il ne falloit pas qu'il eſpérât
ſans la bonne grace de ſon
Eminence qui ne pouvoit être
ſatisfaite qu'il ne le fût entierement. Qu'il ne demandoit pas
mieux que de lui faciliter les
moyens d'en venir à bout, quoiqu'il n'eût d'autre deſſein que
de mettre ſon honneur à couvert. Que pour preuve de ce
qu'il diſoit, il ne vouloit s'arrêter ni à l'année de priſon ni
aux dommages & intérêts qu'il
pouvoit prétendre, ni le faire
languir juſqu'au retour à Paris,
afin d'aller pardevant Meſſieurs
les Maréchaux de France. Qu'il
lui ſuffiſoit que Monſieur Dangouille vint le trouver en pre-
ſence

fence des amis qu'il assembleroit ;
mais pour ne point surprendre
M. l'Evêque de Sées, M. Roze
déclaroit que sa résolution
étoit de rendre deux coups de
bâton pour celui qu'il avoit reçû. Que pour cet effet il sup-
plioit Monsieur de Sées de s'ab-
stenir d'assister à l'accommodement ; & sur ce qu'il persista d'y
vouloir être , Monsieur Roze
ajoûta qu'il n'imputât donc pas
à défaut de respect les coups
qu'il donneroit. Que s'il pouvoit se relàcher en ce po nt, il
avoit tant de passion & de défé-
rence pour lui , qu'il le feroit à
sa considération. Mais qu'il a-
voit consulté son cœur & ses a-
mis, & qu'il avoit trouvé qu'il
lui étoit bien plus avantageux
de laisser là cette affaire que de
la réveiller par un accommodement qui ne serviroit qu'à aprendre ses bastonnades à ceux qui
ne

ne les sçauroient pas, ou qui
en s'en souviendroient lus. A
moins que la réparation fut telle
qu'elle effacât l'affront, & qu'en
disant le mal on vit que le remede auroit été proportionné
au mal. Monsieur Roze persista
dans les mêmes sentimens sans
variation ni biaisement, & les
déclara nettement & hautement
à M. l'Evêque de Sées & M.
l'Abbé de Bourzeis, M. de
Besmaux, M. de S. Leonard,
M. de Guitaut, M. Boïer, M.
Bendort, & à vingt autres
Gentilshommes qui en ont été
témoins. Il est même tout public que la veille de la réparation Monsieur l'Evêque de Sées
pressant M. Roze de se relâcher
sur le fait des coups en presence
de M. l'Abbé de Bourzeis, il
lui répondit qu'il eut plûtôt à
renvoïer Monsieur Dangouille
chez lui, que pour cet effet il

lui

lui accordoit fauf-conduit pour huit jours, & qu'il reprendroit le fil de fes procédures crimi-nelles. Enfin le quatorziéme Juillet 1659. Monfieur Roze étant dans la falle de la maifon où il étoit logé à Libourne, accompagné de trente ou qua-rante Seigneurs de marque, Gentilshommes qualifiés & d'au-tres perfonnes de grande con-fidération qui lui avoient fait l'honneur de s'y rendre, bien informés de fa réfolution de fraper, & perfuadés de la né-céffité où il étoit de l'éxecuter pour mettre fon honneur à couvert, Monfieur Dangouille parut ; comme il fut à portée, fans attendre qu'il fit aucun compliment ni foumiffion à M. Roze, celui-ci lui rendit deux coups de bâton fembla-bles à celui qu'il lui avoit don-né en la même Ville, lui di-

fant

sant tout haut qu'il seroit son
ami s'il vouloit. Il sortit sans
rien répondre. Depuis M. le
Cardinal Mazarin écrivit à M.
Dangouille pour le prier de le
venir trouver , parce que cette
Eminence avoit la bonté de
mettre la derniere main à cette
affaire. Il y a plusieurs exemples pareils de coups rendus
par accommodement , pour
des coups donnés par insulte.

¶ J'ai eu parmi des Livres
que j'ai acheté de la Bibliothéque de défunt Monsieur Mares-
cot Maître des Requestes , &
depuis Conseiller d'Etat , un
Manuscrit in folio sur velin, qui
avoit apartenu à Agnès de Bourgogne Duchesse du Bourbon-
nois , il est de Christine de Pise
qui a fait un autre Livre du Trésor de la Cité des Dames. *L'I-*
tinere Germanico du Pere Mabillon en parle , & il cite le
Ron-

Rondeau de Marot à Jeanne Gaillard où il est parlé de Christine de Pise. Ce Manuscrit marqué par le P. Mabillon *de Politia*, pourroit bien être celui-ci. Mais Christine de Pise en a fait encore un autre intitulé le Trésor de la Cité des Dames, qui a été imprimé & dont parle du Verdier dans sa Bibliothéque.

¶ Un Badin, un homme d'imagination & de ces gens enfin que l'on peut dire de gai sçavoir, m'a régalé de ces deux couplets de chanson de sa Muse.

> Je vois sur ce lit de verdure
> A l'ombre de ce jeune ormeau,
> Tircis qui s'endort au murmure
> De cet agréable ruisseau.

Gardez, oiseaux, un moment de silence,
> Et vous charmans Zéphirs
Pour ne pas respirer, faites-vous violence,
> C'est déja trop du bruit de mes soupirs.
> Je vois à travers la serrure
> Quelqu'un dans cet apartement,

Qui

Qui parle tout bas & murmure,
Ne seroit-ce point un Amant !
Voïons un peu ce que c'est sans rien dire,
Ma femme avec Tircis, hélas je suis perdu.
On se plaint, on soupire,
Ah ma foi c'en est fait, je suis cocu.

Pic de la Mirande cet incomparable esprit, le phénix de son siécle, en sa derniere exposition de l'ouvrage des six jours, qui fut un essai sur l'Ecriture Sainte, écrit que l'homme après son offense destitué de la grace & de la justice originelle, étoit cette terre vuide & couverte de ténèbres, sur laquelle se portoit l'Esprit de Dieu. Qui l'échauffoit & l'éclairoit sçavoir sa Providence de laquelle l'homme ne fut pas privé, & la lumiere de la nature qui servit de Loi aux Patriarches après que la Loi suivit, laquelle est apellée Firmament, & qui distingua les Israëlites d'avec les Nations.

tions. Comme les peuples Païens font en plusieurs lieux de l'Ecriture figurés par les eaux, & comme on voit la terre de tous côtés environnée de l'Ocean ; ainsi cette contrée de l'Asie & cette terre promise étoit de toutes parts environnée & assiegée des Nations. Au quatriéme jour ce Firmament fut annobli & éclairé du Soleil, ainsi au quatriéme millenaire la Loi fut accomplie & parfaite par la venuë du Messie le Soleil de justice. Il ajoute pour couronnement de son œuvre que le premier mois de la Genèse tourné par ses Lunes en toutes les façons, rend cette sentence complette, *Pater in Filio, & per Filium principium & finem sive quietem creavit caput ignem & fundamentum magni hominis fœdere bono.*

¶ Mon dernier Livre imprimé

mé est l'Histoire d'Henri III.
il a été universellement aprouvé. Jamais Prince n'avoit été
élevé avec plus d'espérance que
celui-là, & il avoit gagné deux
batailles à l'âge de seize ans,
n'étant encore que Duc d'Anjou.

Catherine de Médicis sa mere qui avoit beaucoup d'esprit,
& qui vouloit régner, tâchoit
toujours de faire valoir le mérite des cadets pour leur donner
de l'autorité, afin de tenir en
quelque soumission les aînés,
le Roi Charles IX. & François
II. ses autres enfans, pour se
rendre par là nécessaires à ceux
qui régnoient.

Le massacre fut fait sur la tête de la Reine, c'est-à-dire, sur
sa chambre, & après le coup,
le Roi Henri III. son fils des-
cendit dans sa chambre & lui
dit : Madame, *Je suis Roi*
presen-

prefentement & n'ai plus de rivaux. Elle lui répartit en lui difant. *En avez-vous bien prévû les confequences.* Il répondit qu'oui : & elle finalement, *Dieu le veuille & tourna la tête de l'autre côté.* Elle en fut fi fachée qu'elle mourut huit jours après, dit-on. Six mois de là, arriva la mort du Roi Henri III. à Saint Clou par frere Clement, felon l'opinion commune ; mais d'autres veulent què ce fut un autre ; qu'on enleva le corps de frere Clement & qu'on en fubftitua un autre au même moment. Le Pere Chauffemer Jacobin, fameux Prédicateur du tems, affure que ce ne fut pas frere Clément, mais un autre apofté. Je raporte dans mon Livre les deux opinions fans me déclarer. En tout cas le Procureur Général Laqueli qui étoit près du Roi

F   quand

quand ce coup fut fait, eût
tort, & ne devoit pas laisser
prendre par personne le meurtrier. Il falloit s'en saisir, &
lui faire son procès pour faire
déclarer les auteurs & les com-
plices : selon tous ces doutes &
sur les réflexions de la puissance de la Ligue d'alors, du
crédit & de la grande estime
qu'en avoient Messieurs de
Guise, & des extrêmes ressen-
timens qu'elle eut de cet indigne & infâme massacre, suivi
de si près de celui du Roi, il
peut rester des soupçons fondés
& vraisemblables que le meurtrier du Roi ait été un autre
que frere Clément, soit sous
sa robe, soit qu'il fût aposté
proche de lui, que celui-là a
été enlevé & sauvé, & qu'au lieu
de lui, on ait mis aussi-tôt en
sa place un autre corps mort
préparé pour cela, qu'on fit
passer

passer pour le sien, & duquel on ne pouvoit rien aprendre ; toute cette intrigue ne s'est pû terminer sans des intelligences bien concertées avec partie des personnes qui étoient auprès du Roi. Quoiqu'il en soit, je n'ai pas voulu me déclarer en cette occasion, laissant croire ce que l'on veut.

On debite la nouvelle de la mort de M. Arnauld arrivée à Liége depuis peu de tems & en quatre jours de maladie, d'une grosse fluxion de poitrine avec fiévre, âgé de 82. ans, étant né en 1612. C'étoit le plus sçavant & le plus bel esprit de son siécle, & un homme incomparable, c'étoit mon parfait ami, le plus sincére, & le plus fini que j'aie jamais eu.

HIS-

HISTOIRE ABREGE'E
des troubles de Naples.

¶ Rien n'est plus dangereux à un Royaume que les divisions; mais entre toutes celles qui troublent les Etats, il n'y en a pas de plus à craindre que celles qui arrivent lorsque deux Princes, aïant un titre également bon en aparence, disputent la possession d'une Couronne, & partagent les sujets en deux factions differentes. Car comme chacun est entierement persuadé de la justice de sa cause, & qu'il y a du déshonneur & du dommage à céder, il ne se trouve point d'autre chemin à la paix, que la ruine de l'un ou de l'autre, qui est celle de l'Etat, puisque les deux partis composent ses membres.

Les

Le Roïaume de Naples entre tous les Roïaumes, a peut-être été le plus sujet à ces sortes de malheurs, parce que relevant du Saint Siége, si les Souverains Pontifes avoient quelque notable mécontentement de leurs Rois, c'étoit une punition assez ordinaire que de les priver de leur Couronne, & d'en introduire un autre, qui ne pouvant s'établir que par la force des armes, détruisoit souvent son Roïaume avant que de le posseder. Par cette voie est monté sur le Trône de Naples Charles d'Anjou, frere du Roi de France Saint Louis, qui fut apellé à cette entreprise par le Pape *Urbain* IV. & après de sanglantes batailles, en la premiere desquelles Mainfroy fut défait & tué, en la seconde Conradin son successeur fait prisonnier & depuis décapité

F 3   publi-

publiquement ; il se mit en possession de tout le Roïaume ; mais il n'en joüit pas long-tems fiblement.

La Sicile toute entiere secoüa le joug de son obéissance, & après avoir assassiné tous les François, les Siciliens se donnérent au Roi d'Arragon qui avoit épousé la fille de Mainfroy ; & depuis ce tems-là, la Sicile a toujours eu ses Rois à part jusqu'à Alphonse, qui aïant hérité de la Sicile par droit de succession avec le Roïaume d'Arragon, usurpa depuis la Couronne de Naples sur les Princes d'Anjou.

Charles étant mort, son fils de même nom lui succeda, & à celui-ci son fils nommé Robert, qui aussi bien que son pere Charles II. travailla vivement pour le recouvrement de la Sicile, dont il ne laissoit pas

de

de prendre le titre. Ce fut
toutes-fois un Prince très-cou-
rageux, très-puissant & très-
aimé de son peuple, de façon
que durant son Régne le nom
de Naples florissoit par-dessus
toutes les autres Seigneuries
de l'Italie. Mais il fut malheureux de ne point laisser un successeur digne de lui & de son
Roïaume. Son fils unique nommé Charles Duc de Calabre
étant mort avant lui, sa Couronne tomba entre les mains
de sa petite fille, de qui le
régne n'a été qu'une suite de
malheurs qui tombérent enfin
sur elle. Jeanne, ainsi se nommoit cette Princesse, avoit é-
pousé du vivant même de son
aïeul, & dès sa plus tendre jeu-
nesse, André frere du Roi de
Hongrie son cousin. Le meurtre de ce Prince fut le premier
malheur de ce régne. Car le

Roi de Hongrie imputant à la
Reine tout le crime de cette
conspiration funeste, vint fondre avec une grande armée sur
le Roïaume de Naples, où il
commit ces massacres horribles
de vengeance de l'assassinat de
son frere. Toutes fois, comme
cette tempête fut violente, elle
ne dura pas, & le quatriéme
mois de sa descente il retour-
na en Hongrie.

La Reine, qui cependant s'é-
toit retirée en épouvante dans
un lieu de sûreté avec un nou-
vel époux, aïant apris le départ
du Roi de Hongrie, & se voïant
sollicitée par les principaux du
Roïaume, qui avoient toujours
conservé pour elle & de l'affection & de l'obeïssance, elle re-
vint à Naples, où ils se rétablirent bien-tôt, aïant aisément
défait le reste des Hongrois qui
étoient demeurés dans le Roïaume.

Auffi-tôt que le Roi de Hongrie eût apris ces nouvelles, il ne manqua pas de revenir en Italie, où il recommença de nouveau ses ravages ; mais Dieu ne permit pas que l'orage durât plus long-tems ; car à la priere du Pape, il fit tréve avec Jeanne, à condition qu'elle prouveroit son innocence touchant le meurtre d'André, ce qu'elle fit ; & par ce moïen le Roi de Hongrie se retira entiérement d'Italie, & lui laissa la paix.

Les Napolitains furent donc en repos un assez long espace de tems ; mais ce fut pour se voir replonger dans de plus dangereux troubles, qui n'ont presque point eu de fin : car étant arrivé un schisme dans l'Eglise Romaine par la concurrence des deux qui se disoient Souverains Pontifes, la

 Reine

Reine Jeanne ne put éviter de
s'engager dans l'un des deux
partis ; elle suivit par malheur
celui que l'événement rendit
le pire & le plus foible ; de façon qu'Urbain IV. qu'elle avoit
offensé en défendant son adver-
saire, usa de cette autorité que
les Papes se sont attribués sur
le Roïaume de Naples, après
l'avoir déclarée déchuë de son
Roïaume, en donnant le droit
à un Prince du sang même de
Jeanne, & qui avoit été élevé
auprès d'elle, mais qui pour-
lors étoit auprès du Roi de Hongrie. Charles (ainsi se nommoit
ce Prince) assisté des freres du
Roi de Hongrie, qui ne pouvant oublier le meurtre de son
frere, étoit bien aise de nuire
à Jeanne, vint en Italie, &
avec l'assistance d'Urbain qui
étoit le plus fort en ce païs, il
s'empara incontinent des meil-
leures

leures places du Roïaume.

Jeanne d'autre côté se voïant
sans secours & sans enfans, tâcha d'en tirer de France d'où
elle descendoit ; elle adopta
pour lui succeder en son Roïaume Louis Duc d'Anjou, frere de
Charles V. Roi de France, l'o-
bligeant par ce bienfait à la
venir secourir, ce qu'aussi il se
mit en devoir de faire ; mais
pendant qu'il venoit, Charles
se saisit de Naples & assiegea
la Reine dans le Château neuf,
& ainsi la contraignit de se rendre ; & par une ingratitude &
une cruauté sans exemple, il la
fit étrangler ; ce que plusieurs
interpretérent comme une vengeance divine, parce qu'on
l'accusoit d'avoir fait mourir
André son premier mari de ce
même genre de mort.

Cependant Louis d'Anjou,
ensuite de son adoption, passa

en Italie avec une grande armée qui ne fit pas de grands
exploits, aïant été quasi toute
dissipée par les maladies & par
le mauvais tems : toutesfois il
ne laissoit pas encore d'être é-
pouvantable à ses ennemis ; ce
qui obligea le Pape Urbain,
partisan de Charles, à publier
une Croisade contre Louis,
pour exciter les esprits foibles
à prendre les armes en faveur
d'un ingrat & d'un perfide ;
mais peut-être que ce stratagême n'eût pas été beaucoup utile à Charles, si la mort précipitée du Prince Louis n'eût
tout d'un coup renversé les affaires des François, & mis les
siennes au plus haut état où il
le désiroit. Cela toutesfois n'a-
porta pas la paix, de ce que
ce Prince sembloit être heureux ; & son ambition n'étoit
pas satisfaite de l'usurpation
d'un

d'un seul Roïaume : si bien qu'a-
près avoir apris la mort du Roi
de Hongrie son cher ami qui
ne laissoit que deux filles, il
jugea que sous prétexte de les
assister, il pourroit insensiblement s'emparer de cette Couronne.

Dans cette pensée il entre-
prit le voïage de Hongrie,
mais il y reçut le salaire de tous
les maux qu'il avoit fait souffrir aux Napolitains ; car les
Princesses ne pouvant endurer
la fierté de Charles, & pré-
voïant assez son dessein, le firent assassiner dans le Palais
même.

Aussi-tôt que sa mort fut di-
vulguée dans le Roïaume de
Naples, les affaires changèrent
bien de face & il se fit un notable
remuement ; ses partisans pro-
clamérent aussi-tôt Ladislas son
fils pour son successeur ; mais

 ceux

ceux qui avoient soutenu le parti de Louis d'Anjou, & qui n'avoient pas éfacé l'affection qu'ils portoient à ce Prince, déclarérent pour Roi le Fils de Louis d'Anjou, nommé Louis aussi, qui étoit alors en France : & la chose en étant venue jusqu'à la sédition, Ladislas qui étoit fort jeune & sa mere qui n'étoit point accoutumée à ces remuemens, sortirent de Naples & se retirérent à Cajette ; ainsi Naples demeura au pouvoir de ceux qui prenoient le parti François.

Louis II. étant donc apellé par ses amis, vint aborder à Naples, y fut reçu magnifiquement, & posseda le Roïaume assez paisiblement durant dix ans ; mais enfin il éprouva le revers de la fortune aussi-bien que ses prédecesseurs, & se voïant

voïant trahi par ses principaux
confidens & ceux même qui lui
avoient montré le plus d'affection, il abandonna le Roïaume
& se retira, en quoi il montra
très-peu de courage, & fit une
faute signalée de jugement ;
car en son absence Ladislas se
remit beaucoup plus aisément
en possession du Roïaume, qu'il
n'auroit fait si Louis fut de-
meuré ; mais ce ne fut pas la
seule faute qu'il fit en sa vie ;
& il avoit encore bien moïen
de rentrer dans le Roïaume,
s'il eût sçû se servir de l'occasion qui s'offrit ; car Ladislas
s'étant montré extrémement ingrat envers l'Eglise Romaine &
les Souveräins Pontifes, qui l'a-
voient beaucoup assisté aussi-
bien que son pere ; il attira dessus lui non-seulement leur haine & leur malediction, mais encore leur puissance & leurs armes. Louis

Louis II. s'étant donc joint
aux forces du Pape, & condui-
sant une belle armée contre Ladiflas leur ennemi commun, fut
si heureux des la premiere rencontre, qu'il défit ses troupes &
le vainquit si absolument, que
Ladiflas avoit accoutumé de
dire que si ce jour-là même ses
ennemis euffent pourfuivi leur
victoire, il ne pouvoit fauver
ni son Roïaume ni fa perfonne,
que le lendemain il fauvoit fa
perfonne, mais non pas son
Roïaume, & qu'au troifiéme
jour il avoit déja fauvé l'un &
l'autre. De façon que cette entreprife ne fit qu'irriter Ladiflas contre le Pape, & n'acquit
que du deshonneur à Louis
d'Anjou, qui incontinent après
fe retira en France, où il finit
fes jours ; ainfi donc Ladiflas
brûla du defir de venger fa pa-
trie, mit fur pied de nouvelles
forces,

forces, & aïant amufé le Pape d'un accord dont il fçavoit bien fe difpenfer, il fe prefenta à l'impourvû devant Rome, la prit, la pilla, & de-là fe répandit comme un torrent impétueux fur les reftes de l'Italie, où il remplit tout de meurtre & de facrilége ; mais fon trépas arrêta le cours de fes crimes, & l'on crut à Naples, où il vint mourir, que les Florentins, contre lefquels il étoit cruellement animé, l'avoient fait empoifonner par un Médecin de Peroufe, dont il entretenoit la fille.

L'invention dont il fe fervit, fut que lui aïant donné un mouchoir empoifonné, elle le prefenta innocemment au Roi, croïant qu'il n'eût point d'autre force que d'augmenter l'amour qu'il avoit pour elle, comme fon pere le lui avoit donné

à

à entendre. Quoiqu'il en soit,
le regret de sa mort ne fut pas
grand, car on peut juger en
quelle misérable confusion étoit
tout l'Etat durant le régne d'un
Prince si violent. La condition
des Napolitains fut encore bien
plus malheureuse depuis que sa
sœur nommée Jeanne, & qui
fut la seconde de ce nom, lui
eût succedé : on n'auroit jamais
fait de raconter tous les maux
que leur a causé la vie licentieuse de cette Princesse, & la paf-
fion aveugle qu'elle avoit d'élever quelques unes de ses créa-
tures au mépris des autres Seigneurs du Roïaume, ce qui en-
gendra une dangereuse guerre
civile, de laquelle elle sentit
elle-même les funestes effets; &
c'est ici que l'on verra l'origine
de cette grande guerre, qui a
mis le Roi d'Arragon sur le
Trône de Naples, & qui a en-
tiére-

tiérement chassé les Princes de la Maison d'Anjou hors de ce Roïaume.

Il y avoit déja long-tems que la vie licentieuse de cette Princesse étoit connue, auparavant même qu'elle parvint à la Couronne, ses amours deshonnêtes avec un certain jeune Seigneur Napolitain étoient assez divulgués ; mais elle tâcha. d'éfacer cette infamie, & pour témoigner qu'elle se retiroit de ses désordres, l'année suivante de son avénement à la Couronne, elle épousa Jacques de Bourbon, Comte de la Marche, Prince du sang roïal de France, qui ne voïant que trop les déportemens vicieux de sa femme, qui retournoit toujours à ses débauches, n'étant pas d'humeur à les souffrir, il se défit premierement de ce jeune homme qu'elle aimoit, puis il

la

la tint si fort de court , qu'elle
étoit comme prisonniere. La
Reine fut quelque tems dans
cette contrainte ; mais enfin
aïant recouvré sa liberté & sa
puissance , elle traita son mari
à son tour avec la même sévé-
rité & le retint prisonnier quatre ou cinq ans , au bout desquels il sortit à la priere du
Pape & se retira en France ,
où il vivoit très-saintement &
dans un mépris parfait du monde & de ses pompes. Cependant
la Reine s'étoit abandonnée publiquement à un Seigneur Napolitain nommé Jean Caraccioli , auquel elle se confioit du
maniement des affaires de son
Roïaume. Cette habitude hon-
teuse scandalisa premierement
tous les Seigneurs de la Cour ;
mais l'autorité qu'elle donnoit
à cet adultére , attira sur elle
& sur lui leur haine & leur re-
bellion.   Jac-

Jacques Sforce Capitaine de grand mérite & de grande réputation, s'étant retiré des premiers, indigné du gouvernement présent, envoïa vers Louis d'Anjou, troisiéme de ce nom & fils de celui que j'ai dit avoir disputé la Couronne avec Ladillas, pour le solliciter d'entreprendre le recouvrement du Roïaume de Naples, & lui offrir son service, & celui de quantité d'autres Seigneurs, qui tiendroient à honneur d'obéir à un Prince généreux, à qui la Couronne apartient légitimement, plûtôt qu'à une Princesse, qui se laissoit indignement gouverner par un homme qui la rendoit infâme.

Louis qui ne désiroit rien davantage que de s'établir dans une si belle Monarchie, voïant l'affection de ces Seigneurs, & d'ailleurs étant assuré de la bon-

ne

ne volonté du Pape, ne dou-
ta point de ce qu'il devoit faire, il commença à préparer
diligemment tout ce qui lui
étoit néceſſaire pour une entre-
priſe de cette conſéquence.
D'autre côté la Reine voïant l'o-
rage tout prêt à fondre deſſus
elle, ſe réſolut à la perſuaſion
de ſon bien aimé Caraccioli,
d'envoïer demander ſecours à
Alphonſe Roi d'Arragon ; &
pour l'obliger plûtôt à la ſe-
courir en cette extrémité, vû
qu'il étoit aſſez empêché pour
l'heure à la guerre qu'il avoit
avec les Génois, elle l'adopta pour ſon ſucceſſeur en ſon
Roïaume.

Alphonſe embraſſant cette occaſion qui s'offroit de s'emparer d'un ſi floriſſant Roïaume,
quitte l'Iſle de Corſe où il faiſoit la guerre aux Génois, &
paſſe avec ſon armée en Sicile,

le, & de là à Naples, où il fut reçû avec grande joie ; mais cette réjouiſſance fut courte, & l'impatience qu'Alphonſe avoit d'occuper le Roïaume, lui faiſant oublier le reſpect qu'il devoit porter à la Reine, il s'émut entr'eux une défiance qui les porta juſqu'à la guerre ouverte. Alphonſe aïant donc levé le maſque, ſe faiſit de Naples, & cependant la Reine qui étoit retirée (à Averſe) & qui dans cette extrémité recevoit du ſecours de Sforce Capitaine du parti de Louis d'Anjou, indignée de l'ingratitude d'Alphonſe, le deshérita abſolument & adopta en ſa place Louis d'Anjou ; en quoi on remarquera l'inconſtance de la fortune & le malheur de cette Princeſſe , qui la réduiſit en cette extrémité d'adopter ſon ennemi ; ainſi donc ils ſe pré-
paré-

parérent à la guerre de part
& d'autre. Les chofes en fuf-
fent venues en ce tems-là à quelques fanglantes extrémités, fi
D. Alphonfe n'eût été rapellé
en Efpagne pour des affaires
très-importantes, ce qui aïant
relevé les efpérances de Jeanne & de Louis d'Anjou, ils a-
vancérent fi heureufement leurs
progrès, que quelque tems a-
près ils fe rendirent maîtres de
Naples, & en chafférent Pierre
d'Arragon, qu'Alphonfe y avoit
laiffé avec une bonne garnifon,
& le contraignirent de fe retirer en Sicile ; ainfi la Reine
fut reçûe magnifiquement dans
la Ville, & jamais le parti des
Arragonois ne fut fi bas ; mais
les funeftes changemens qui ar-
vérent en Sicile, & la mort trop
prompte de Louis d'Anjou, le
rétablirent entiérement ; car il
étoit néceffaire que ce Prince
vécut

vécut plus long - tems, pour
laiſſer la paix aux Napolitains,
& pour aſſurer la Couronne à
ceux de ſon ſang ; mais mou-
rant ſans enfans, il laiſſa le
Roïaume à la Reine dans une
étrange confuſion, ce qui ſe remarqua bien mieux quelque tems
après.

Cette mort avoit été précé-
dée du meurtre de Jean Car-
racioli, autrefois le bien aimé
de la Reine ; mais qui depuis
s'étoit rendu déſagréable par
ſon ambition & ſon humeur or-
gueilleuſe, qui le faiſoit mépri-
ſer cette Princeſſe, pour a-
voir eu de trop grandes fami-
liarités avec elle. Il eſt vrai que
la Reine en avoit retiré de
grands ſervices, & qu'il l'avoit
aſſiſtée durant les troubles d'Alphonſe ; mais ſur la fin il abu-
ſoit de ſa bonté, & s'étant trop
prévalu de l'autorité qu'il avoit
G acquiſe

acquise par son affection , il
perdit l'une & l'autre en un moment , & ne mérita pas d'être
pleuré d'elle après sa mort ;
même on crut qu'elle lui avoit
dressé cette partie , ce qui ne
manquoit pas de conjectures ,
vû le peu de soin qu'elle prenoit
à rechercher les conspirateurs ,
& à en poursuivre la punition.
Enfin les craintes , les défian-
ces , l'inquietude & l'affliction ,
inséparables compagnes dans
un régne infortuné , accablé-
rent la misérable Jeanne , & la
mirent dans le tombeau , après
qu'elle eût nommé pour son hé-
ritier René d'Anjou , frere du
Prince Louis défunt , qui pour
le malheur des Napolitains étoit
alors prisonnier entre les mains
du Duc de Bourgogne. La
ville de Naples ne laissa pas
toutesfois de demeurer en son
obéissance , & l'arrivée de sa
fem-

femme & de ſes deux enfans,
aporta une grande conſolation à
ceux qui chériſſoient la domi-
nation Françoiſe.

Cependant Alphonſe qui depuis quelque tems étoit revenu
en Sicile, & n'attendoit que
l'heure commode de ſe ruer ſur
le Roïaume, aïant apris que ſes
partiſans avoient ſurpris Ca-
poue, qui eſt une des meilleu-
res places du Roïaume, enflé
de ce premier ſuccès, & ne ſe
promettant pas moins qu'une
prompte conquête de tout le
reſte, partit de Meſſine avec
une armée navale, & vint aſ-
ſieger Cajette, ville maritime
très-importante.

Le ſiege fut long, & comme
les Cajetans ne manquoient
point de courage ni d'affection
au Prince d'Anjou, ils ſouffri-
rent toutes les incommodités
imaginables ; mais enfin cette

en-

entreprife tourna tout à fait au défavantage d'Alphonfe, & fut toutesfois fi avantageufe à fes affaires, qu'on peut dire que fans le malheur qui lui arriva, il n'eût pas fi aifément monté fur le Thrône de Naples : or voici ce qui furvint. Les Génois aïant apris la néceffité où les Cajettans leurs alliés étoient réduits par l'armée de ce Prince leur ennemi mortel, & qu'ils avoient intérêt de ne pas laiffer agrandir en Italie, fe réfolurent de les fecourir & d'envoïer une armée navale contre lui pour l'obliger à lever le fiege. Etant averti de ce fecours & irrité de fe voir traverfé dans tous fes deffeins par les Génois, & ne pouvant fouffrir ces affronts, il prit la meilleure partie de fon armée pour aller à leur rencontre & pour les combattre, ce qui lui réuffit fi mal,

qu'aqu'après une sanglante bataille, où il éprouva que les Génois étoient meilleurs hommes de mer que ses gens, il fut pris prisonnier avec le Roi de Navarre son frere, & menés à Génes & de là à Milan au Duc Philippes, qui étoit aussi Seigneur de Génes ; mais ils n'y furent guéres, & c'est en quoi on doit remarquer le bisarre événement de la fortune, & l'adresse d'Alphonse, car il sçût si bien gagner l'esprit de Philippes, que non-seulement il le délivra gratuitement, mais encore étant devenu son ami, ils firent ligue ensemble contre René d'Anjou pour l'assister dans l'usurpation du Roïauume de Naples ; de quoi les Génois furent si irrités contre Philippes, qu'ils secouérent le joug de son obéissance & recouvrérent leur liberté.

G 3

Pen-

Pendant que ces chofes fe
paffoient, René qui n'avoit pas
rencontré un Prince fi favorable que Philippes, traitoit de
fa rançon avec le Duc de Bourgogne, & après être parti de
fa prifon, il s'achemina le plus
diligemment qu'il put en fon
nouveau Roïaume, où il arriva
fur les Galeres des Génois. Son
arrivée caufa une grande joie
à tous les Napolitains, & comme ce Prince étoit grandement
guerrier, il fe mit auffi-tôt à
travailler au recouvrement de
fon Roïaume.

Je ne m'arrêterai point à raconter tous les differens exploits
de ces deux Princes, les batailles, recontres, fieges & af-
fauts, où ils témoignérent tous
deux ce que fait faire en deux
efprits courageux, le defir de
commander & la crainte d'être
vaincus : je dirai feulement que

la fin en fît toute funefte pour
René ; car après avoir poffedé
ce Royaume environ cinq ans
fans goûter un feul moment de
plaifir ou de repos , il fe vit
enfin affiegé dans Naples , &
cette puiffante Ville rendue à
fon ennemi par un chétif arti-
fan : car la famine étant grande dans la Ville durant le fié-
ge , on fçut depuis qu'un ma-
çon s'étant rendu au camp d'Alphonfe , lui avoit découvert un
paffage fouterrain dont on ne
fe doutoit point , par où il fit
entrer des foldats qui fe faifi-
rent d'une porte par laquelle
entra aifément toute l'armée
d'Alphonfe.

L'épouvante fût grande dans
la Ville à cette furprife ; René
qui avoit beaucoup de cœur ré-
fifta long-tems , & fit des mer-
veilles de fa perfonne ; mais
enfin voyant qu'il lui étoit im-
 poffible

possible de résister , il se retira
sur ses vaisseaux & fit voile à
Pise, où après avoir vainement
sollicité le Pape aussi-bien que
le reste de ses Alliés, de l'assister pour le recouvrement de sa
Couronne , il fut contraint de
s'en retourner en France ; ainsi
Alphonse s'étant rendu maître
de Naples , le reste du Royaume ne fit pas grande résistance ,
& il fut reconnu par tout en peu
de tems. Ayant donc mis fin à
cette guerre , & ne songeant
plus qu'à jouir de sa conquête ,
il se fit préparer un superbe
triomphe pour faire son entrée
dans sa Capitale , où il fut reçû en Roi victorieux , c'est
à dire avec les acclamations
que la foiblesse & la crainte
éxige ordinairement des vaincus.

L'apareil de cette pompe é-
toit véritablement magnifique,
ce

ce Prince étant sur un cha-
riot tout doré , tiré par quatre chevaux blancs , suivi des
plus grands Seigneurs du pays
& de toute son armée. Ses premiers soins ensuite furent de
tâcher à moyenner son accord
avec le Pape , & d'obtenir la
légitimation de Ferdinand son
fils batard pour lui succeder en
son Royaume , ce qui s'ensuivit
au grand déplaisir de tous ceux
qui ne pouvoient oublier la
douceur du joug François , &
qui nourrissoient encore l'espérance de voir refleurir les loix
dans leurs Provinces. Je ne
puis m'empêcher de réflechir
sur les grands changemens qui
arrivent dans les Etats , après
ceux que l'histoire de Naples
nous ont fournis , & de dire
qu'ils n'arrivent point sans u-
ne particuliere providence de
Dieu , qui tient dans ses mains

G 5   le

le cœur & la fortune des Princes.

Pour moi, je croi que dans
ces grandes révolutions, un fujet avifé après avoir donné à
fes anciens maîtres autant que
la vertu defiroit de fon courage, peut recevoir aveuglément
celui qui lui eft envoyé de la
main du Ciel ; ainfi je crois
donc que fans avoir changé de
courage, un véritable Napolitain pouvoit avoir pour Alphonfe les mêmes fentimens d'affection & d'obéiffance qu'il avoit
eus pour fon prédeceffeur ; auffi
certes étoit-ce un Prince très-
eftimable par mille belles parties dont il étoit doué, & les
Napolitains euffent été les plus
heureux peuples de l'Europe ,
s'il eût acquis le Royaume par
un autre moyen que par l'ufur-
pation ; car avant fon avénement ils n'avoient été que la
proie

proie des discordes & des sé-
ditions, & aussi-tôt qu'il fut
sur le Thrône, leurs Villes re-
prirent leur premiere splen-
deur.

Naples n'étoit plus cette infortunée, qui pendant douze
ans avoit tous les jours mêlé
ses larmes au massacre de ses Ci-
toyens ; toutesfois on ne peut
pas dire que les Napolitains
aient joüi d'une pleine paix ;
car Alphonse a toujours eu quelque chose à démêler avec ses
voisins, & certes il étoit extrêmement nécessaire qu'il en usât
de la sorte, ayant trouvé ses peuples élevés dans les guerres intes-
tines & enclins d'eux-mêmes aux
nouveautés : il ne pouvoit avoir
de meilleur reméde pour divertir cette mauvaise coutume que
de l'employer en une guerre
étrangére. Cependant Alphonse a témoigné une animosité si

 extra-

extraordinaire contre les Génois ses anciens ennemis, qu'on peut croire qu'il ne s'est porté contr'eux que par une pure haine ; ce qui a paru dans le tems où s'étant fait une paix entre tous les Princes d'Italie à la sollicitation du Pape, que les nouvelles de la prise de Constantinople avoient grandement étonné ; jamais Alphonse ne voulut permettre que les Génois fussent compris dans cette paix générale, afin de rester toujours en puissance de les outrager, & de tirer vengeance des affronts qu'il en avoit reçus.

¶ Télephe fils d'Hercule, ainsi nommé par des Pastres, parce qu'une biche l'allaita sur le Mont Parthenius, eût pour mere Augé qu'Hercule força étant Prêtresse de Pallas : lorsqu'elle mit l'enfant au monde, elle le cacha dans le bois consacré

facré à la Déeffe. Il arriva faute d'abondance dans ce tems,
la terre fécha extraordinaire-
ment, on confulta les Oracles
qui donnérent pour réponfe,
qu'il devoit y avoir quelqu'im-
pieté cachée dans le bois dé-
voué à Pallas ; Aleus fon pere
ayant découvert fon crime, la
mit entre les mains de Nau-
pleus fils de Neptune. Celui-ci
la livra à Theutras Prince de
Myfie, qui en jouit après Hercule. Télephe après avoir été
trouvé fur le Mont Parthenius
fut nourri par les Bouviers de
Corythus jufqu'à ce qu'il fut
parvenu à certain âge, auquel
il prit le chemin de Delphes,
pour aprendre de l'Oracle quels
étoient fes pere & mere : fur
fa réponfe il fut en Myfie, où
il fut adopté de Theutras, qui
après fa mort le laiffa maître
de fon Royaume. Voilà à peu

près

près le fond historique de la
vie de Télephe, quoique l'on
donne differens peres à ce héros.

¶ Vandeck demanda au Roi
d'Angleterre trois cens mille é-
cus pour des cartons de tapisseries. Ce Peintre étoit fort riche
& fort magnifique ; il avoit u-
ne troupe de Comédiens, de
Musiciens & un équipage de
chasse à lui. Nous ne voyons plus
de notre tems des Peintres qui
fassent une figure pareille.

¶ En faisant réflexion sur les
divers mouvemens des troupes
de toutes parts en Europe, à
present que la guerre y est presque universellement allumée,
les uns allant d'un côté à un
autre, puis les autres à d'autres, & sur l'idée que Dieu en
peut avoir en les regardant du
Ciel, je me souviens de trois
excellens Vers de M. Racon.

Voit

Voit comme des fourmis marcher des légions
Sur un petit amas de pouffiere & de boue,
Dont notre vanité forme des Regions.

¶ Monfieur de Racon étoit de grande famille à qui on reprocha autrefois qu'il laiffoit perdre fes affaires, parce qu'il s'adonnoit uniquement à l'étude de la poëfie ; reproche qui le porta à prendre connoiffance de fa maifon ; & en effet il y réuffit avec tant de fuccès, qu'il gagna trente procès, dont pourtant il ne fut pas plus riche, ce qui a donné lieu à ce Vers cruel.

Trente procès gagnés l'ont réduit à l'aumône,

¶ Monfieur Benferade écrivant à M. de... & lui envoyant de fes Vers, lui marque : *Je vous en fais prefent ; mais par charité ne les montrez pas à votre rigoureufe Compagnie.* Il
entend

entend parler de l'Accadémie
Françoise.

STANCES AU ROI

Sur une danse de Ribera.

LEs plus galans se plaignent des cruel-
les ,
Vous aimable Vainqueur vous les vangez bien
d'elles ,
Elles s'en plaignent , mais tout bas ,
Grand Roi, négligez-vous leurs vœux & leurs
apas ,
Du moins faites grace aux plus belles.

Mais la beauté pour vous est trop commune ,
Pour être aimé partout, vous n'aimez blonde
ni brune :
Quelle rigueur de vos beaux jours,
Que vous sert de causer en d'autres tant d'a-
mour ,
Si vous n'en ressentez aucune.

Dans les ébats où l'âge vous attire ,
Hélas ! vous songez peu que la beauté soupire,
Du moins soïez sensible au soin
De

De telle qui voudra venir chez vous de loin,
Et quitter pour vous son Empire.

Aimez en Roi pour aimer sans souffrance,
Et pour donner une Reine à la France,
Que vous pouvez faire de bien,
Vous ferez des heureux sans qu'il vous coûte
rien,
Que votre jeune indifference.

La petite Ribera l'une des quatre Egyptiennes, qui dansent devant Mademoiselle, chante auparavant ces couplets à son Altesse Roïale.

Nous quatre neigres gentilles
Plus que le commun des filles,
Danserons à vos yeux sans craindre de clarté,
Elle nous charme en vous éclatante Princesse,
Plus qu'en notre Soleil d'Eté.
Quand sur le sable ardent nous dansons la Du-
chesse.

Moi de toute la plus noire
Plus que toutes, je fais gloire,

Que

Que mon teint basanné surprenne vos beaux
    jours ,
L'astre le plus brillant prit plaisir à me teindre,
    Et votre éclat en ces beaux lieux
    Par le feu qui sort de vos yeux,
Va m'obscurcir encor pour m'achever de pein-
    dre.

    Cependant nous quatre neigres
    Agiles , brusques , aleigres ,
Célébrons plaisamment votre auguste retour,
Voïez nos jolis pas , ô fille souveraine !
    Si le Ciel nous exauce un jour,
Nous danserons pour vous comme pour une
    Reine.

Il y a dans ces Vers une politesse , une galanterie & une facilité inimitable ; aussi un grand
admirateur de l'esprit de Monsieur de Benserade , s'est-il déclaré pour lui par ce Quatrain.

Critique ingénieux , dans ses Balets galans ,
Il peignit vivement & la Cour & la Ville,
Eguisa l'ironie en caractere habile,
             Jusqu'à

Jusqu'à prêter aux Dieux l'air de nos courti-
sans.

¶ Monsieur le Duc de Saint-
Aignan ayant remporté le prix
aux Palinots de Caen , Monsieur Charpentier lui adressa
cette Balade.

Quand pour un prix d'adresse ou d'éloquence,
En grand debat sont divers prétendans,
Si l'un d'entre eux porte en sa contenance ;
D'un noble sang les signes évidens
A cent héros s'il touche d'alliance ,
S'il est issu d'ancêtres valeureux ,
Bien est certain qu'en pareille occurrence ,
Un tel rival est des plus dangereux.

Que si son bras secondant sa vaillance
A surmonté cent mortels accidens ,
Et si connu par sa rare prudence ,
Il tient sa place entre les plus prudens ,
Si des neuf Sœurs il entend la science ,
S'il a le stile & noble & vigoureux ,
Bref, s'il est bon à la plume , à la lance ,
Un tel rival est des plus dangereux.

Mais

Mais si de plus chacun a connoissance
Que pour son zèle & pour ses soins ardens,
Un Roi sans pair, en mérite en puissance,
L'à mis au rang de ses chers confidens,
De sa faveur qu'usant sans arrogance
Il prend plaisir d'aider aux malheureux,
Ce grand surcroit posé dans la balance,
Un tel rival est des plus dangereux.

ENVOI AU ROI.

Prince ce Duc qui couronné s'avance,
Et tient un prix dont il est amoureux,
L'a mérité par sa haute naissance,
Par ses beaux Vers, par votre bienveillance ;
Un tel rival est des plus dangereux.

¶ Giovan Vittorio Rossi plus connu sous le nom Latin qu'il s'est donné de Janus Nicius Erythræus, s'est très-mal exprimé lorsque dans l'éloge d'Ottavio Rinuccini, il a dit que ce Florentin avoit presque entiérement renouvellé l'ancienne maniere de chanter les Comédies

médies & les Tragédies fur le
théatre au fon de la flute ou
de la lyre : *Veterem* , ce font
fes paroles , *ac feculorum mul-*
torum fpatio intermiſſum Come-
dias & Tragædias in fcenis ad
tibias vel fides decatandi morem
revocavit magna ex parte Oct a-
vius Rinuccinus.

Les Anciens n'employoient
le chant au fon des inſtrumens
pour les pieces dramatiques
que dans les Chœurs & dans les
Intermédes ; mais ils n'ont jamais pratiqué l'art de chanter
une Comédie ou une Tragé-
die entiere. On prétend ici que
l'invention en eſt dûe à Rinuccini , qui par conféquent doit
en être apellé l'inventeur &
non pas le reſtaurateur. J'a-
joute à ceci qu'*Æmilius Cava-*
lerius Patricius Romanus devoit être interprété *Emilio Ca-*
valieri Gentilhomme Romain ,

&

& non pas *Emilio Cavaleri Senateur Romain* ; ainſi *Laurentius Valla Patricius Romanus,* ſignifie *Laurent Valle Gentilhomme Romain, Petrus Dembus patricius Venetus, Pierre Dembe noble Venitien Magno totius Italiæ plauſu dedit Daphium :* c'eſt ainſi qu'on lit dans le latin de Vittorio Roſſi ; mais c'eſt une faute d'impreſſion qui a donné lieu à Baillet de lire *Daphnim* & de traduire *Daphnis,* quoiqu'il y ait plus d'aparence que le titre de cette piece étoit *Daphné,* dont la Fable étant plus connue que celle de Daphnis, étoit auſſi plus propre à être miſe ſur le Théatre.

¶ Le Mercure galant a commencé au mois de Janvier 1672. & s'eſt continué juſqu'au mois de Janvier 1674. ces deux années ont fourni ſix volumes, enſuite il a été interrompu juſqu'au

qu'au mois de Janvier 1677.
qu'il a recommencé, & depuis
il a paru réguliérement tous
les mois. Devifé eft le premier
Auteur qui s'eft donné la peine
d'inventer un tel projet, & il
y a réuffi par les relations qu'il
a avec tous les Sçavans & par
le fecours qu'il a de Monfieur
Thomas Corneille, qui s'eft fait
pour ainfi dire, fon affocié dans
la compofition de ce Livre,
Monfieur Charpentier qui eft
intime ami de ces deux Auteurs,
reçoit quelquefois des mémoires des Gens de Lettres avec
lefquels il eft en liaifon, & les
remet ou fait remettre à Monfieur Devifé qui les infére dans
fon Mercure, felon l'ordre qu'il
juge à propos de leur donner :
depuis peu il a imprimé par ce
canal une Lettre fort curieufe
de Monfieur le Chevalier Gif-
fon de l'Académie d'Arles qui

n'eft

n'est pourtant pas nommé, &
qui contient une avanture sur-
prenante arrivée en cette Ville, de deux amans malheureux
qui n'ont pas voulu survivre l'un
à l'autre : on a trouvé après la
mort de la belle un testament
où elle fait son amant son lé-
gataire, quoiqu'elle ait sçu avoir
perdu le jour par lui : l'avanture, comme je vous dis, exci-
te beaucoup de surprise, & il
n'y a qui que ce soit qui ne s'i-
magine que ce doive être un
Roman, quoique jamais histoire ait été plus véritable. Monsieur Devisé s'est d'abord établi
une si grande réputation lorsque son Mercure parut, qu'il
fallut plusieurs Libraires pour
fournir au grand debit de son
Livre ; non-seulement il s'est
fait chérir des Libraires qui se
sont empressés de l'imprimer,
mais encore des Puissances é-
tran-

trangéres à qui il l'envoïoit. Cette nouveauté lui attira de leur part une reconnoissance qui l'a mis à son aise. Monsieur Devisé a partagé son Mercure en differens titres, lorsque l'abondance des matieres l'y obligeoit pour les divertissemens, & les matieres du mois sous le titre de *Mercures Galants*, la Poësie sous le titre d'*Extraordinaires*, & pour l'Histoire sous celui d'*Affaires du tems*. Il a encore paru quelques volumes séparés qui n'ont pas été donnés sous nom. Il a renfermé dans des *Mémoires pour servir à l'Histoire du Roi*, tout ce qui est compris au Recueil de ses Mercures, & a rassemblé ce qui regarde ce Prince en dix volumes in folio, que l'on imprime actuellement au Louvre, le Poëme du passage du Rhin est encore de lui.

H ¶ Cal-

¶ Calvin s'apelloit en son tems Chauvin ; il est mort à cinquante-cinq ans en l'année 1560. à Genéve, où il n'avoit en qualité de Ministre que trois cens livres d'apointement, dont on lui a trouvé deux années d'épargne à sa mort seulement. Il avoit onze différentes maladies qui le tenoient successivement, ensorte qu'il n'étoit point sans quelqu'une, ce qui apparemment le rendoit si fâcheux d'humeur, qu'il en étoit bizarre ; car on dit qu'il étoit presque insuportable, ce qui faisoit dire à beaucoup d'Allemans qu'ils aimoient mieux aller en enfer avec Béze, qui étoit fort affable & courtois, qu'en paradis avec Calvin. Ce dernier enseignoit la Théologie tous les jours à certaines heures, en d'autres il prêchoit, en d'autres il faisoit diverses conférenférences ; & cependant parmi tous ſes emplois & avec toutes ſes maladies, il n'a pas laiſſé de compoſer dix-huit volumes in folio avant ſa mort. Entre ſes ouvrages il y en a de très-bons, comme celui de la Trinité qu'on dit être un chef-d'œuvre ; celui des douze petits Prophètes eſt encore fort bon. Ses Inſtituts qu'il a faits d'abord en latin eſt un livre dangereux, il l'a traduit depuis en françois, qu'il écrivoit le mieux de ſon tems. Le Cardinal de Richelieu a fait faire deux differentes enquêtes par tous les quartiers de Paris, en l'une deſquelles un Chanoine âgé de quatre-vingt un an & quelques mois, interpellé de dire la vérité ſur les ſaints Evangiles, ſur leſquels il jura, il dit : qu'il l'avoit connu étant à Paris, & qu'un jour il le rencontra dans le Faux-bourg Saint Victor en y arri-

vant,

vant, déguisé en habit de Vi-
gneron, aïant une hoüe à la
main, habit qu'il venoit de
changer avec le sien, & de l'argent au retour, avec un païsan
pour se mieux déguiser, fuïant
les poursuites & les Gens du
Lieutenant Criminel Morin qui
le faisoit chercher ; & s'étant
évadé du Collége du Cardinal
le Moine : il ne laissa pas de
le reconnoître en cet état, &
lui demanda, l'aïant arrêté, où
il alloit en cet équipage, il lui
répondit qu'il venoit de se déguiser de la sorte pour s'enfuir
& se sauver, parce qu'on le
poursuivoit pour sa doctrine. Il
lui dit: *Pourquoi aussi vous amu-
sez-vous à donner des opinions
& des doctrines nouvelles, que
ne les laissez-vous-là :* à quoi il
lui répartit, *qu'il étoit vrai
qu'il avoit tort de s'y être ar-
rété ; mais que comme il s'é-
toit engagé trop avant dans le
parti,*

parti , & qu'il y avoit acquis de la réputation , il falloit continuer d'y vivre ou mourir à la peine.

¶ M. L... Avocat au Parlement dans un ample traité de la Police des Hébreux, n'a pas oublié la *question politique touchant la permission des femmes publiques :* il y a de quoi discuter sur cette matiere, & elle mériteroit d'avoir été plus approfondie qu'elle n'a été jusqu'à present. Il y a une Loi écrite au Déuteronome , par laquelle Dieu défendit qu'il y eût en la Palestine aucunes femmes publiques. Comme la plus grande partie des Loix données aux Juifs alloient à empêcher ce peuple de retourner à l'Idolatrie, & que toutes ces Loix étoient autant de précautions pour prévenir le mal , je crois aussi que celle-ci en étoit une,

H 3　　d'au-

d'autant que ce fut le perni-
cieux conseil que Balaam, ce
Prophète malheureux qui faisoit le bien contre son gré,
donna au Roi Balac, d'envoïer
les plus belles de ses filles vers
ces étrangers farouches, qui
furent plûtôt adoucis par leurs
artifices, qu'ils n'eussent été
domptés par les armes. C'est
ainsi qu'Origene le fait parler.
„ Il ne faut pas combattre par
„ la force des soldats, mais par
„ la beauté des femmes. Reti-
„ re cette troupe de gens, &
„ amasse au lieu une bande de
„ filles, la beauté surmonte les
„ personnes armées, elle capti-
„ ve le fer, ceux qui sont invin-
„ cibles au combat, seront sur-
„ montés par la beauté.

Ce Roi, dit Philon au Liv.
1. de Vit. Moys. fit auparavant
cesser les Loix publiées contre
la honte des femmes, & auto-
risant

risant par une permission publique la prostitution des filles
& des femmes de ses sujets,
les envoia par troupes au camp
de ses ennemis : car les femmes les attirérent à leur compagnie, à leurs plaisirs, à
leurs festins, & ensuite à leurs
sacrifices, dont Dieu irrité contr'eux, commanda à Moyse de
prendre les chefs de ces tribus
& de les attacher tous chacun
à une croix, la face tournée
vers le soleil, afin, comme dit
saint Augustin num. 25. 4. que
le peuple vit mieux ce spectacle
& ce suplice éxécuté en la personne des chefs pour l'instruction des particuliers.

Et ait ad Moysen : tolle cunc-
tos principes populi tui & suf-
pende eos contra solem in pati-
bulis, ut avertatur furor meus
ab Ifraël, dixitque Moyses ad
judices Ifraël, occidat unusquif-

H 4   *que*

que proximos suos , qui initiati sunt Belphegor.

Quelques interprétes tiennent que cela fut éxécuté à la lettre , & bien qu'il semble que Dieu condamna les chefs, néanmoins qu'ils furent seulement assemblés pour informer de ceux qui étoient criminels, & que ceux-là furent actuellement éxécutés : d'autant qu'il est assuré qu'alors tous ces chefs n'étoient pas coupables, puisque Zambri Prince de la tribu de Simeon fut depuis tué sur le fait, & il est à croire que ceux qui se trouvérent convaincus d'avoir entré dans leurs tentes, furent mis en croix pour satisfaire au commandement de Dieu. Cette preuve étoit suffisante , parce que c'étoit la seule cause de les aller trouver , & puis au même chapitre Moyse écrivant comme ce Zambri

entra

entra dans la tente d'une de ces étrangéres, l'Histoire dit que Phinéez le suivit dans ce lieu infâme. D'ailleurs ces filles a-voient été subornées par leur Roi pour attirer les Juifs à leurs sacrifices ; de maniere qu'il est croïable qu'elles avoient dans leurs tentes l'image de leur I-dole, & le texte dit qu'ils s'é-toient dévoués & consacrés à Belphegor.

Les Peres ne sont pas d'ac-cord au sujet de la Thése, s'il vaut mieux souffrir ce mal avec regret, que de l'arracher avec violence, attendu que, comme dit saint Cyprien, *rarus est hodiè Phinees qui perimat impu-dicos.*

Tertulien au Liv. de pud. c. 4. dit qu'il vaut mieux laisser courir un mal jusqu'à la fron-tiere, pour en bannir un autre de toute la Province ; car quant

au reste des furies & des autres
fureurs de Luxure, & qui paf-
sent les bornes de la nature,
non-seulement nous leur ôtons
l'entrée, mais encore le couvert de l'Eglise en quelque façon que ce soit ; d'autant que
ce ne font pas des crimes, mais
des monstres, *quia non sunt de-
licta, sed monstra.*

Saint Chrysostome en l'Ho-
mélie 32. sur saint Matthieu
chap. 19. „ *Nous permettons*,
„ dit-il, ce que nous pardonnons
„ à regret & contre notre vo-
„ lonté, parce que nous ne
„ pouvons pas retenir tout-à-
„ fait la mauvaise inclination
„ des hommes ; c'est pourquoi
„ l'on souffre le mal, de peur
„ qu'il n'arrive pis.

Saint Hierôme néanmoins
dit divinement à ce sujet, que
César & non Jesus-Christ, Pa-
pinian & non saint Paul furent
au-

auteurs de cette permission.

Les Hussites hérétiques l'improuvérent; cependant au Concile de Constance la question fut agitée & remise à une autre décision de l'Eglise : ceux de cette opinion répondirent au châtiment de Zambri, qui fut si agréable à Dieu, que ce ne fut pas tant le plaisir que l'effronterie & l'insolence d'un Prince, lequel en la presence du peuple & durant que Moyse poursuivoit la vengeance qui donna sujet à Phineez de le percer, & à Dieu d'agréer & de récompenser l'ardeur de son zéle.

Il y a un beau discours de Dion contre les permissions des Bordels, or. 7. p. 126. il dit qu'il ne faut point les souffrir ni en des villes bien policées, ni ès moindres, ni aux troisiémes, ni aux quatriémes,

 que

que s'il y a quelques villes, où
ces maux foient comme des maladies invetérées, il ne les faut
négliger ni laiffer fans remede
ou punition ; mais il faut tâcher
à les retrancher & les punir le
mieux qu'il fera poffible, parce
que les vices ne demeurent jamais au même état, mais ils vont
toujours plus avant quand on
n'y a pas pourvû. P. 127. il dit
que c'eft la caufe des adultéres
qui fe commettent avec tant
d'éfronterie, ces enlévemens &
débauches de filles & d'enfans,
de ce que chacun le peut faire
fi facilement, & que les fale-
tés font négligées en public,
& qu'il n'eft pas vrai, comme
quelques-uns s'imaginent, que
ce foient des remédes de fûreté
& d'abftinence ; car quelqu'un
pourroit dire : Meffieurs les Lé-
giflateurs qui avez établi cela
comme d'excellens remédes,
afin

afin que les corrupteurs demeurent à la porte, qu'ils ne paſſent juſqu'au lit & à la chambre ; prenez garde que ne ſe contentant pas de ce qu'ils ont en leur puiſſance, ils ne paſſent à de plus grands crimes avec plus d'argent, & comme on le peut voir parmi ceux où les adultéres ſe font avec plus de ſomptuoſité, où ils reçoivent de grandes & amples rémiſſions, il y a pluſieurs maris par bonté qui n'en ſçavent rien ; ils diſent qu'ils ne ſçavent pas, ils endurent les adultéres qu'ils apellent leurs hôtes & leurs couſins ; quelquefois ils les reçoivent & ménent chez eux à leurs feſtins, & cela ſe fait dans les belles maiſons, dans de belles & riches allées & comme préparées à de nouvelles nôces, &c. Cette mode n'a pas changé depuis un ſi long-tems,

ou plûtôt les maris étoient déja alors ce qu'ils font encore à
prefent.

Chryfippe dit qu'au commencement les femmes de mauvai-
fe vie demeurérent hors les villes & qu'elles ne marchoient
que mafquées ; mais après mé-
prifant cela, elles ôtérent le
mafque & néanmoins les Lé-
giflateurs leur défendant de venir aux villes, elles demeurérent hors ; il eft ainfi dans la
Genéfe 38. 41.

Les Putains de la Gréce,
ainfi qu'écrit George Agricola
dans fon traité *de animantibus
fubterraneis*, habitoient de petites chambres fous terre, dé-
fignées par les écrits des comi-
ques, & le Commentateur de Térence penfe que *Ganeura*, qui
eft le Bordel, a pris ce nom,
parce qu'il étoit fous terre, pour
prouver que les femmes publiques
ques

ques chez les Romains, n'habitoient que le dehors des Villes : l'Epigramme 35. du premier Livre de Martial eſt convaincante ; elle eſt ſur une éfrontée qui ſe faiſoit un plaiſir d'ètre trouvée en flagrant délit. „ *Aprenez*, lui dit-il, *Lesbie*, „ *d'Helide ou de Chione, à avoir* „ *de la pudeur, voiez comme* „ *ces abandonnées cachent leurs* „ *imfamies ſous les anciennes* „ *murailles de la Ville*, &c. Il y en a qui liſent *ſummæni* au lieu de *ſi memini*, & cela ſe raporteroit aſſez avec ce qui ſuit, *hæc monumenta. Summænium* étoit l'endroit de la Ville de Rome où étoient autrefois les anciennes murailles : c'eſt-là où l'on avoit coutume de brûler les corps & d'ériger des monumens, & où ſe tenoient auſſi les plus infames Bordels de Rome ; de ſorte qu'on apelloit femmes

mes summéniennes, *uxores sum-
manianæ*, ce que nous apellons
aujourd'hui *garces à Pont-neuf.*
Martial les nomme encore
Mœchas bustuanias L. 3. Epig.
92. *de bustum* qui est l'endroit
hors la Ville où l'on brûloit &
où l'on enterroit les morts ;
peut-être leur donnoit-on aussi
ces noms de *summéniennes* &
de *bustuaires*, parce que c'é-
toit des especes de racrocheu-
ses qui avoient coutume d'aller
chercher ces lieux abandonnés
& solitaires pour s'y prostituer
avec les derniers du peuple. Il
n'étoit pas défendu aux étran-
geres chez les Hébreux, ni
chez les Juifs d'être garces,
v. Jud. c. 16. VI. Déuter. 23.
17. L. 21. 4.

Licurgue vint à bout d'ex-
pulser les femmes de mauvaise
vie de Lacédémone, en anéan-
tissant les professions & les arts
qui

qui entretenoient la volupté &
la molesse. C'est du châtiment
dont punissoit la Ville de Cu-
mes les femmes surprises en a-
dultére, que l'on a vû en France les mêmes femmes exposées
à rebours sur un âne, accom-
pagnées de celui avec lequel elles avoient eu affaire, menées
par les rues & exposées aux in-
sultes des passans. Varron dit
que les Romains destinérent
quarante-cinq Lupanaria où les
femmes publiques pouvoient
seules se retirer, comme les Ar-
rêts & les Ordonnances de notre Police ont arrêté des quartiers ou plûtôt des rues uniques
dans Paris, où elles avoient la
seule permission de se réfugier,
sinon à faute de contravention,
elles étoient mises à l'amende ou
punies corporellement. L'Empereur du Japon défend les Bordels dans ses Etats & son Palais

lais en eſt un , ce que l'on a
auſſi vû ſous quelques Empe-
reurs Romains , & d'autres
Princes que je ne nomme
point.

¶ On avoit deſiré que Monſieur Charpentier expliquàt ſes
penſées ſur une queſtion aſſez
curieuſe touchant la *Peinture* ,
qui fut propoſée en un lieu où
il étoit. On avoit parlé des
Tableaux qui ſe font pour les
deux grands apartemens du Roi,
& de la Reine à Verſailles , &
qui doivent repreſenter diver-
ſes Hiſtoires , que l'on a choi-
ſies par raport aux influences
& aux qualités que les Mathématiciens attribuent aux ſept
Planettes. La varieté de ces
ſujets eſt grande ; le choix en
eſt très-ingénieux , mais comme
la plùpart n'ont point encore
été peints , quelques uns de là
compagnie jugérent que le pinceau

ceau ne pourroit jamais exprimer les chofes fi parfaitement, qu'il fut facile au fpectateur de reconnoître quelle Hiftoire feroit reprefentée en chaque Tableau, à moins que d'y mettre une infcription : c'eft ce qui donna matiere de former cette queftion, & de demander ,, *fi* ,, *dans tous les Tableaux qui fe* ,,*font pour reprefenter des Hif-* ,, *toires , il feroit à propos de* ,, *mettre des infcriptions pour* ,, *en faire connoître le fujet.* Plufieurs furent pour l'affirmative, & Monfieur Charpentier fe trouva de ce nombre : d'autres étoient pour l'ufage ordinaire qui fe paffe d'infcriptions dans les Tableaux ; ainfi la conteftation s'étant échauffée, on fouhaita que l'Académicien mit par écrit les raifons qui pouvoient apuïer l'ufage des infcriptions, & il s'y laiffa engager

ger insensiblement , tant par son propre mouvement que par les exhortations de quelques personnes de grand mérite , qui s'étoient rencontrées d'un avis pareil au sien : c'est pourquoi il s'éforça de leur obéir, pourvû qu'il lui fut permis d'user de la liberté philosophique ; c'est-à-dire , de prendre la chose d'un peu plus loin , pour établir un principe qui doit faire la décision de cette difficulté. Cependant afin qu'il ne péche point lui-même contre sa propre doctrine, qui va à établir la clarté en toutes choses , il a donné par avance le projet de ce traité qui sera divisé en trois chapitres.

Le premier expliquera d'abord ce principe qui doit servir de baze à son raisonnement, & fera voir ensuite la nécessité des inscriptions dans les plus

beaux

beaux ouvrages de la Peinture,
pour accomplir l'intention véritable de cet Art illuftre, qui
ne peut avoir un but plus excellent, que d'inftruire agréa-
blement les hommes.

Le fecond répondra à quelques objections que l'on fait
d'ordinaire contre l'ufage des
infcriptions, & aportera de nouvelles raifons pour l'établir.

Le troifiéme apuïera l'opinion de Monfieur Charpentier
par l'exemple des anciens Peintres de la Gréce & de l'Italie,
qui fe font fervis d'infcriptions
dans leurs Tableaux.

Et pour confirmer ces auto-
rités M. Charpentier devoit a-
jouter dans le quatriéme chapitre, quelques preuves du mérite
& de la grande réputation de
ces anciens Peintres ; & par même moïen, tâcher de faire voir
fi alors les François étoient en
droit

droit d'espérer qu'il s'en élevât
en France d'aussi fameux que
ceux-là, vû la favorable desti-
née des beaux Arts, sous un
Régne aussi florissant que celui
d'un grand Monarque comme
Louis XIV.

F I N.